《新时代广东创新实践》系列丛书

Da Xuexi
Shen Diaoyan Zhen Luoshi

# 大学习

## 深调研

# 真落实

中共广东省委党校（广东行政学院） 编

周峰 主编

广东人民出版社
·广州·

图书在版编目（CIP）数据

大学习　深调研　真落实／中共广东省委党校（广东行政学院）编；周峰主编．—广州：广东人民出版社，2022.4
　　ISBN 978-7-218-15707-8

Ⅰ．①大… Ⅱ．①中…②周… Ⅲ．①区域经济发展—研究—广东 Ⅳ．①F127.65

中国版本图书馆 CIP 数据核字（2022）第 057793 号

DA XUEXI SHEN DIAOYAN ZHEN LUOSHI
**大学习　深调研　真落实**
中共广东省委党校（广东行政学院）　编
周峰　主编

版权所有　翻印必究

出 版 人：肖风华

出版统筹：卢雪华
责任编辑：伍茗欣
责任校对：吴丽平
装帧设计：广大迅风艺术　刘瑞锋
责任技编：吴彦斌　周星奎

出版发行：广东人民出版社
地　　址：广州市越秀区大沙头四马路 10 号（邮政编码：510102）
电　　话：（020）85716809（总编室）
传　　真：（020）85716872
网　　址：http://www.gdpph.com
印　　刷：广州市豪威彩色印务有限公司
开　　本：787mm×1092mm　1/16
印　　张：11.25　　字　　数：180 千
版　　次：2022 年 4 月第 1 版
印　　次：2022 年 4 月第 1 次印刷
定　　价：48.00 元

如发现印装质量问题，影响阅读，请与出版社（020-85716849）联系调换。
售书热线：020-87716172

## 编委会

主　任：张广宁

副主任：尹德慈

成　员：潘向阳　钟汉谋

　　　　林盛根　刘　朋

# 总　序

回顾历史、总结经验，从中得出规律性认识，进而映照现实、远观未来、指导实践，是马克思主义政党的优良传统和独特优势。党的十九大以来，以习近平同志为核心的党中央对广东关爱之深、看待之重、支持之大、期望之高，前所未有，赋予广东一年一个重大利好、每年都有大事喜事，习近平总书记两次亲临广东视察，亲自参加十三届全国人大一次会议广东代表团审议，多次作出重要指示批示，为广东改革发展擘画蓝图、定位导航。

五年来，广东牢记嘱托、感恩奋进，乘势而上、起而行之，把学习贯彻习近平总书记对广东工作的系列重要讲话、重要指示批示精神作为首要政治任务，持续开展"大学习、深调研、真落实"，形成"1+1+9"工作部署并不断深化，始终坚持人民至上的价值追求，激励引导广大干部始终永葆"闯"的精神、"创"的劲头、"干"的作风，不断提高攻坚克难、化解矛盾、驾驭复杂局面的能力，在新起点上开创改革开放和现代化建设事业新局面，奋力推动习近平新时代中国特色社会主义思想在南粤大地落地生根、结出丰硕成果。

**始终坚持旗帜鲜明讲政治，忠诚拥护"两个确立"、坚决做到"两个维护"。**

政治上的主动是最有利的主动，政治上的被动是最危险的被动。"两个确立""两个维护"是党的十八大以来我们党的重大政治成果和宝贵政治经验，是最高政治原则和根本政治规矩，是最重要的政治能力。广东地处"两个前沿"，直接面对两种意识形态、两种社会制度的较量，必须始终把党的政治建设摆在首位，坚定不移加强党的全面领导和党的建设，不断提高政治判断力、政治领悟力、政治执行力。

五年来，广东坚持以习近平新时代中国特色社会主义思想为指引，时刻绷紧讲政治这根弦，不断增强忠诚拥护"两个确立"、坚决做到"两个维护"的思想自觉政治自觉行动自觉。建立健全并严格执行省委坚决落实"两个维护"十项制度机制，自觉对标对表习近平总书记、党中央要求，形成贯彻落实习近平总书记、党中央决策部署闭环机制，切实把"两个确立""两个维护"体现在贯彻落实的行动上，体现在履职尽责的实效上，体现在日常的言行上。严守政治纪律和政治规矩，严守"五个必须"，杜绝"七个有之"，做到"三个决不允许"，严格执行重大事项请示报告制度，优化风清气正的政治生态。强化底线思维、风险意识，增强政治敏锐性和政治鉴别力，坚持以大概率思维应对小概率事件，宁可信其大、不可信其小，宁可信其有、不可信其无，把风险隐患化解在萌芽之时、成灾之前，坚决有效防范化解各类风险隐患。坚持以制度机制保安全，不断完善全国全省"一盘棋"应急响应和"四个一"应急处置制度机制，有效应对了一系列重大突发事件。

**始终牢记嘱托、感恩奋进，以深化落实"1+1+9"工作部署谱写高质量发展广东篇章。**

肩负着习近平总书记赋予的在新征程中走在全国前列、创造新的辉煌的使命任务，广东加强前瞻性思考、全局性谋划、战略性布局、整体性推进，科学谋划并不断深化"1+1+9"工作部署，形成推进现代化建设的行动方案和施工图，不懈探索体现中国特色、时代特征、广东特点的社会主义现代化建设新路径，朝着习近平总书记指引的方向勇毅前行。

五年来，广东以高度的政治自觉和强有力的工作举措，坚持一张施工图干到底，以钉钉子精神把习近平总书记、党中央要求一项一项落到实处。举全省之力推进"双区"建设和横琴、前海两个合作区建设，持续释放强大驱动效应。大力打造新发展格局战略支点，构建联通内外的贸易、投资、生产、服务网络，强化广州、深圳"双城"联动，增强畅通国内大循环和联通国内国际双循环的功能，努力塑造参与国际合作和竞争新优势。持续抓好科技自立自强，大力推进具有全球影响力的科技和产业创新高地建设，鹏城国家实验室、广州国家实验室挂牌运作，综合性国家科学中心先行启动区加快建设，区域创新综合能力连续5年、知识产权综合发展指数连续9年领跑全国，发明专利有效量、PCT国际专利申请量稳居全国第一，国家高新技术企业突破6万家。着力构建"一核一带一区"区域发展格局，珠三角核心区发展能级持续提升，沿海经济带产业支撑作用更加强劲，北部生态发展区绿色发展优势凸显，发展协调性平衡性明显增强。扎实推进文化强省建设，有力有效做好民生保障，稳步推进碳达峰碳中和，持续改善生态环境质量，大力建设更高水平的平安广东、法治广东，不断探索出高质量发展的广东路径。

**始终厚植人民情怀，把为民造福作为最大的政绩。**

习近平总书记指出，江山就是人民、人民就是江山，打江山、守江山，守的是人民的心。民心是最大的政治，人民是党执政兴国的最大底气。广东牢记中国共产党是什么、要干什么这个根本问题，强化宗旨意识，坚持把人民至上作为根本标准，把以人民为中心的发展思想作为新发展理念的"根"和"魂"，始终把人民利益放在高于一切的位置，把好事实事做到群众心坎上。

五年来，广东坚持从群众最急最忧最盼的问题入手，不断完善"小切口大变化"民生实事办理制度，深入实施"粤菜师傅""广东技工""南粤家政"三项工程，持续抓好畅顺春运、平安高考、"厕所革命"、垃圾分类、安全生产、防灾减灾、精神文明创建九大行动、交通安全治理等民生工作，大力推进"12312"出行交通圈和"123"快货物流圈、

"851"水利高质量发展蓝图等布局建设,历史性实现"市市通高铁",历史性实现本科院校、高职院校、技师学院、高水平医院21个地市全覆盖,取得让人民群众看得见、摸得着、真实可感的成效。坚持尽力而为、量力而行,在解决"有没有"的基础上更加重视"好不好"的问题,在保障和改善民生上拿出更多有力举措,稳步提高人民群众教育、医疗、养老、住房等保障水平,让人民群众的获得感成色更足、幸福感更可持续、安全感更有保障。

**始终坚持科学方法论,探索完善"大学习、深调研、真落实"工作机制。**

学习是实践之基,调研是成功之道,落实是发展之要。为深刻领悟习近平新时代中国特色社会主义思想是当代中国马克思主义、21世纪马克思主义,是中华文化和中国精神的时代精华,实现了马克思主义中国化新的飞跃,真正掌握蕴含其中的马克思主义立场观点方法,真正领悟蕴含其中的强大真理力量,广东不断实践探索并完善"大学习、深调研、真落实"工作机制,作为结合实际推动广东工作的基本方法,锲而不舍、长期坚持,持续引向深入。

五年来,广东突出抓好"大学习",全面落实第一议题制度,坚持以上率下,充分发挥"关键少数"作用,带动"绝大多数"。通过党委(党组)理论学习中心组学习、集中轮训、理论研修、专题研讨等方式,集中开展11次大轮训,实现从省级领导到科级以下公务员全覆盖,推动各级领导干部学深悟透习近平新时代中国特色社会主义思想，全面掌握蕴含其中的马克思主义立场观点方法，真正让学习习近平新时代中国特色社会主义思想成为全省干部群众的精神追求、生活习惯、工作常态，做到学习跟进、认识跟进、行动跟进。聚焦"国之大者"，开展10轮79个课题的"深调研"，不断深化对国情省情市情县情的认识和把握，进一步明确新时代广东发展的方向和路径，找准工作的着力点和突破口，有针对性地制定贯彻落实的思路举措，形成推动各项工作、解决广东发展重大问题的具体行动方案。注重把学习成效、调研成果转化为推动党的建设和现代化建设的实际行动，真抓实干、担当作为，切实做到"真落实"，一步步把习近平总书记重要指示批示要求转化为广东改革发展的生动实践，奋力把广东建设成为向世界展示习近平新时代中国特色社会主义思想的重要"窗口"和"示范区"。

**始终坚持弘扬伟大建党精神，以"闯创干"精气神主动对标最高最好最优。**

伟大建党精神是我们党立党兴党强党的精神原点、思想基点，是中国共产党人的安身之魂、立身之本，是深刻领悟我们党百年功业承前启后、千秋伟业继往开来的"金钥匙"。伟大建党精神超越时空、历久弥新，是指引和激励中国共产党团结带领人民开创伟大事业的精神动力。奋进新征程，永葆"闯创干"精气神，续写更多"春天的故事"，创造让世界刮目相看的新的更大奇迹，需要始终发扬自信自强的精神力量,这也是40多年来广东改革开放先行一步形成的宝贵财富。

五年来,广东始终坚持弘扬伟大建党精神,用好改革开放关键一招,弘扬"杀出一条血路"的大无畏精神气魄、"敢为天下先"的巨大勇气胆略,传承"闯创干"精气神,敢于对标最高最好最优,在瞄准一流中创造一流,在追求卓越中实现卓越,坚持立足新发展阶段,以"双区"建设、深圳综合改革试点和横琴、前海两个合作区建设牵引全面深化改革开放,不断解决前进道路上的各种困难问题,扫清体制机制障碍,努力走出具有中国特色、时代特征、广东特点的现代化之路。广东的这些改革创新,既有对中央顶层设计的创造性落实,又有结合自身实际进行的原创性探索,还有在协同性基础上的系统集成创新,攻克了一个又一个"娄山关""腊子口",深度、广度、力度前所未有,呈现出全面发力、多点突破、蹄疾步稳、纵深推进的崭新局面,切实提高了改革综合效能,推动改革和发展深度融合、高效联动。

广东的实践充分证明,习近平新时代中国特色社会主义思想具有强大的真理力量。面对百年变局和世纪疫情,广东有章有法、有板有眼推进改革发展稳定各项工作,集中精力办好自己的事,2010至2020年的十年间,广东人口净增2171万,人才虹吸效应持续显现,人口净流入量排名全国第一。2021年,广东地区生产总值达12.4万亿元,成为全国首个12万亿GDP省份,连续33年总量居全国第一,外贸进出口总额连续 36 年、财政收入连续 31 年居全国第一。正是因为有习近平总书记掌舵领航、把脉定向,有习近平新时代中国特色社会主义思想科学指引,正是因为不断学习运用习近平总书记教给我们的方法论,广东才能够有力有效应对世界经济严重衰退、中美经贸斗争和疫情大战大考等严重冲击,才能够闯过一个又一个险滩暗礁,战胜一个又一个风险挑战,取得举世瞩目的辉煌成就,交出一份彰显广东担当的合格答卷。

实现第二个百年奋斗目标新的赶考之路,我们仍然会遇到各种可以预料和难以预料的风险挑战,广东要继续弘扬光荣传统、赓续红色血脉,传承伟大建党精神,提高斗争本领,忠诚拥护"两个确立",不断增强"四个意识"、坚定"四个自信"、做到"两个维护",充分发挥在应对世界大变局中的新优势、在服务全国大局中的新担当,奋力在实现习近平总书记赋予广东在全面建设社会主义现代化国家新征程中走在全国前列、创造新的辉煌的使命任务上展现新作为、干出新成绩。

[作者系中共广东省委党校(广东行政学院)常务副校(院)长]

前　言　边学习边调研边落实 …………………………… 001

一　广东发展进入新的历史方位 …………………………… 001
　（一）中国特色社会主义进入新时代 …………………… 002
　（二）广东过去五年取得新成就 ………………………… 010
　（三）新时代新挑战，广东要有新作为 ………………… 013

二　"大学习、深调研、真落实"是相互贯通的有机整体
　　 ……………………………………………………………… 020
　（一）"大学习、深调研、真落实"展现了学习
　　　　诉求和实践目标的一致性 ……………………… 020
　（二）"大学习、深调研、真落实"体现了马克思
　　　　主义认识论和方法论的统一 …………………… 026
　（三）"大学习、深调研、真落实"彰显了马克思
　　　　主义发展观和价值论的统一 …………………… 033

三　把握"大学习"的世界观方法论 ……………………… 042
　（一）贯通新思想的核心要义和实践方略 …………… 042
　（二）全面落实习近平总书记对广东工作系列重要讲话
　　　　指示批示精神 …………………………………… 047
　（三）学党史悟思想开新局 ……………………………… 053

四 聚焦"深调研"的方法之道 ················· 061
  （一）重新定位省情市情县情 ················· 061
  （二）大兴调查研究之风 ··················· 070
  （三）注重系统谋划战略前瞻 ················· 078

五 推动"真落实"的工作新局面 ················ 086
  （一）在抢抓新机遇上有新担当新作为 ············· 086
  （二）在推动"四个转变"上有新担当新作为 ·········· 093
  （三）在事关全局重大课题上有新担当新作为 ·········· 099

六 始终遵循科学的政绩观 ··················· 107
  （一）坚持党的群众路线 ··················· 107
  （二）树立正确的权力观 ··················· 114
  （三）严禁主观主义、官僚主义、形式主义 ··········· 119

七 重在提升执政能力 ····················· 126
  （一）全面从严治党向基层延伸 ················ 126
  （二）提升干部的"七种能力" ················· 135
  （三）践行"头雁效应"的使命担当 ··············· 143

结　语 ···························· 152

主要参考文献 ························· 157

后　记 ···························· 159

# 前言　边学习边调研边落实

党的十九大指出,"我们党既要政治过硬,也要本领高强",强调要"全面增强本领",而且把"要增强学习本领"放在"增强八项本领"之首。党的十九大闭幕后第三天,在十九届中央政治局第一次集体学习时,习近平总书记向全党发出号召:"贯彻落实党的十九大精神,在新时代坚持和发展中国特色社会主义,要求全党来一个大学习。"这既是对全党提出的"硬标准",也是发出的"动员令"。

2017年11月27日,中国共产党广东省第十二届委员会第二次全体会议在广州举行,这是李希同志担任广东省委书记之后的首次省委全会。在会议上,李希同志指出,广东省委将在全省部署开展"大学习、深调研、真落实"活动,奋力把广东建设成为向世界展示习近平新时代中国特色社会主义思想的重要"窗口"和"示范区"。

"大学习、深调研、真落实",其根本要求就是以学促干、知行合一,奋力在新时代干出新气象、实现新作为。要进一步深化对省情的认识和把握,找准新时代广东发展的新起点。要用辩证的思维看待变与不变。要清醒认识到,虽然发展理念和发展方式变了,但发展作为第一要务没有变,要坚定不移贯彻新发展理念,推动经济发展质量变革、效率变革、动力变革。要清醒认识到,改革开放作为广东发展的"关键一招"没有变，改革的任务和要求变了，把遵循顶层设计与改革创新统一起来，观照全局、勇于实践，继承和弘扬敢为人先的改革精神，在贯彻落实中央改革部署、推动改革落地见效上走在前列。要清醒认识到，为人民谋幸福的根本宗旨和"初心"没有变，满足人民群众美好生活需要的内涵和方式变了，加大投入力度，优化公共产品和服务供给，不断提升人民群众的幸福感和获得感。

"大学习、深调研、真落实"，要求用发展的眼光分析广东发展的优势和短板。要看到广东在区位、历史文化底蕴、经济和产业、软环境等方面的优势，在坚定信心的同时增强忧患意识，不断巩固和厚植这些发展优势，让"优势更优"，"强者更强"。要找准城乡区域发展不协调、产业核心竞争力不强、现代化基础设施体系还不完善等方面的短板，看到短板背后蕴藏的难得机遇和巨大潜力，认真采取措施补齐短板弱项，释放发展潜力，将短板转变为新的发展优势。优势和短板都是阶段性、动态变化的，要因势利导、主动作为，推动优势和短板朝着于我有利的方向调整变化。要立足对标国内外最优最好最先进标准，做到"取法乎上"，博采众长，为我所用。

开展全省"大学习、深调研、真落实"，就要聚焦事关全局的重大课题，谋划新时代广东改革发展。要深入研究解决发展不平衡不充分、推进全面深化改革、提高科技创新能力建设科技创新强省、构建开放型经济新体制、推动粤港澳大湾区建设等重大问题，找准牵一发而动全身的着力点和突破口，形成推进落实的具体行动计划和行动方案。

2018年10月，习近平总书记再度亲临广东进行视察，向世界发出改革再出发的呼声，要求广东发展继续走在全国前列。同年11月13日,广东省委书记李希主持召开省委常委会会议,认真学习贯彻习近平总书记视察广东重要讲话精神,审议《关于深入学习贯彻习近平总书记视察广东重要讲话精神,深化"大学习、深调研、真落实"调研工作方案》。会议特别指出,深化"大学习、深调研、真落实"调研工作,是贯彻落实习近平总书记视察广东重要讲话精神的重要举措,要进一步总结40年改革开放的经验和启示,优化完善广东改革发展的思路举措,更好推动习近平总书记重要讲话精神落地落实。一要把大学习作为开展深调研的前提和基础。深入学习领会习近平新时代中国特色社会主义思想和党的十九大精神,深入学习领会习近平总书记视察广东重要讲话精神和对广东工作一系列重要指示精神,全面掌握其丰富内涵和精神实质,明确调研的重点内容,确保深调研工作精准围绕关键问题展开。二要把形成务实管用的政策措施、意见建议作为深调研的出发点和落脚点。坚持问题导向,抓住重点领域和关键环节,研究提出贯彻落实的硬招实招,切实把习近平总书记重要指示要求转化为具体的行动方案和工作举措。三要加强领导、科学统筹、合理安排深调研工作。省党政主要领导和分管领导要切实负起牵头调研责任,抽调精干力量组建调研组,集中时间、集中精力,确保调研高质高效开展。

广东省委围绕习近平总书记此次视察广东提出的重要要求,做出深化"大学习、深调研、真落实"工作具体方案,开展四大课题、19个专题调研,坚持边学习边调研边落实,进一步深化了全省党员干部群众对省情的认识和把握,进一步明确了新时代广东发展的方位和形势,取得了丰富的成果、显著的成效。其中最为重要的实践成果,是广东省委围绕实现"四个走在全国前列"、当好"两个重要窗口"的目标要求,在总结运用"大学习、深调研、真落实"工作成果的基础上,作出了"1+1+9"工作部署,为新时代广东改革发展确立了行动纲领、画出了"总施工图",人民群众关心的突出问题和难点热点问题得到较好的解决,一系列支持推动建设的务实管用举措不断形成涌现,一份份实实在在的"成绩单"把党中央赋予广东的使命任务完成得更优、更好,切实推动广东省各项事业不断取得新进步,迈上新台阶。

2019年7月,广东省委印发《关于深入学习贯彻习近平总书记视察广东重要讲话精神 奋力开创新时代广东改革开放新局面的决定》,要求"把'大学习、深调研、真落实'作为学习贯彻习近平新时代中国特色社会主义思想的重大举措,作为结合实际推动广东工作的基本方法,锲而不舍、长期坚持,持续引向深入,形成长效机制"。

近五年的"大学习、深调研、真落实",使广东人民的美好生活得到了进一步的提升。2021年,广东居民人均可支配收入44993元,同比名义增长9.7%,两年平均增长7.4%。按常住地分,城镇居民人均可支配收入54854元,增长9.1%,两年平均增长6.8%;农村居民人均可支配收入22306元,增长10.7%,两年平均增长8.9%。

2021年,广东科学统筹新冠肺炎疫情防控和经济社会发展,扎实做好"六稳"工作,全面落实"六保"任务,加大实体经济支持力度,经济持续恢复发展,民生保障有力有效,主要发展预期目标顺利完成。根据地区生产总值统一核算结果,2021年广东地区生产总值为124369.67亿元,连续33年居全国第一,同比增长8.0%,两年平均增长5.1%。其中,第一产业增加值为5003.66亿元,同比增长7.9%,两年平均增长5.8%;第二产业增加值为50219.19亿元,同比增长8.7%,两年平均增长5.2%;

第三产业增加值为69146.82亿元，同比增长7.5%，两年平均增长5.0%。

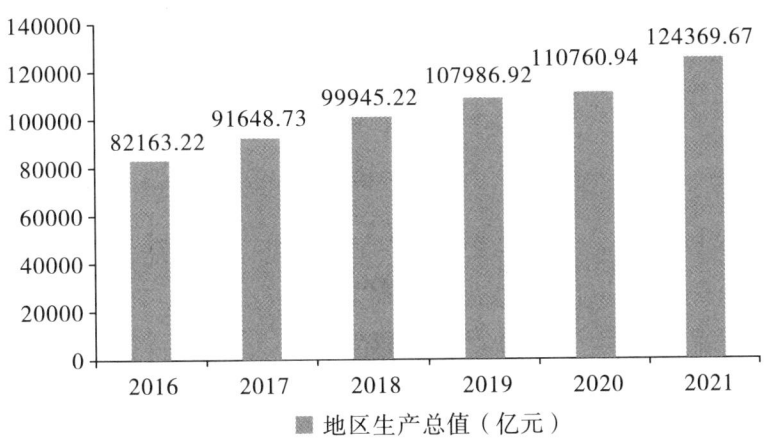

2016—2021年广东地区生产总值统计情况

习近平总书记在第五批全国干部学习培训教材序言中指出，善于学习，就是善于进步。党的历史经验和现实发展都告诉我们，没有全党大学习，没有干部大培训，就没有事业大发展。面对当今世界百年未有之大变局，面对进行伟大斗争、伟大工程、伟大事业、伟大梦想的波澜壮阔实践，我们党要团结带领全国各族人民抓住和用好我国发展重要战略机遇期，坚持和发展中国特色社会主义，统筹推进"五位一体"总体布局、协调推进"四个全面"战略布局，推进国家治理体系和治理能力现代化，促进人的全面发展和社会全面进步，防范和应对各种风险挑战，实现中华民族伟大复兴的中国梦，就必须更加崇尚学习、积极改造学习、持续深化学习，不断增强党的政治领导力、思想引领力、群众组织力、社会号召力，不断增强干部队伍适应新时代党和国家事业发展要求的能力。

"一分部署，九分落实"。面对新形势新任务新挑战，广东全省干部群众始终坚持以习近平新时代中国特色社会主义思想为指导，持续深化"大学习、深调研、真落实"工作机制，推动思想再解放、改革再深入、工作再落实，正在不断书写中华民族伟大复兴中国梦的广东答卷。

# 一　广东发展进入新的历史方位

改革开放以来,广东一直是改革开放的排头兵、先行地、实验区,在党中央的鼓励和支持下,广东以敢为人先的历史担当和大无畏的拼搏精神,大胆探索、大胆实践,在全国创造了很多第一。广东改革开放的成功,离不开中国特色社会主义这一发展大局,离不开经济全球化的发展规律要求。展望新时代,广东必须要在新发展理念的指引下,不断构建新发展格局,为全面开启社会主义现代化新征程做出自己应有的表率。

新时代中国特色社会主义是我们党领导人民进行伟大社会革命的成果,也是我们党领导人民进行伟大社会革命的继续,必须一以贯之进行下去。历史和现实都告诉我们,一场社会革命要取得最终胜利,往往需要一个漫长的历史过程。只有回看走过的路、比较别人的路、远眺前行的路,弄清楚我们从哪儿来、往哪儿去,很多问题才能看得深、把得准。

——2018年1月5日,习近平总书记在学习贯彻党的十九大精神研讨班开班式上的讲话

## （一）中国特色社会主义进入新时代

十九大报告指出，中国特色社会主义进入新时代。这一重大政治判断，精辟概括了当代中国发展变革的阶段性特征，准确标定了中国特色社会主义航船前行的时代坐标。伴随着全面建成小康社会任务的历史性完成，中国特色社会主义正阔步走向社会主义现代化强国建设的新征程。

### 1. 新时代基于新成就

新时代的到来基于党和国家事业发展的巨大成就。党的十八大尤其是十九大以来，我们党统筹推进"五位一体"总体布局，协调推进"四个全面"战略布局，中华民族迎来了从站起来、富起来到强起来的伟大飞跃。这是中国特色社会主义进入新时代的现实依据。

在改革开放初期的1979年底，中国人均GDP只有250美元左右。到1982年，邓小平同志在党的十二大提出"建设有中国特色的社会主义"的时候，中国国内生产总值还不到美国的十分之一。经过改革开放40多年的建设，至2021年，中国贫困人口减少近9.8亿，GDP达到20多万亿美元，人均GDP超过1万美元，中国正在步入中等偏上收入国家行列。中国在高端工业生产和科学技术领域也开始发力，从太空、天空、地面到深海，中国创造在越来越多的领域里给人类文明作出了更多的贡献。中国积极参与全球治理，与世界各国人民一起，通过"一带一路"等形式，形成"共商、共建、共赢"的全球化新模式，把中国梦与人类命运共同体紧密联系在一起。

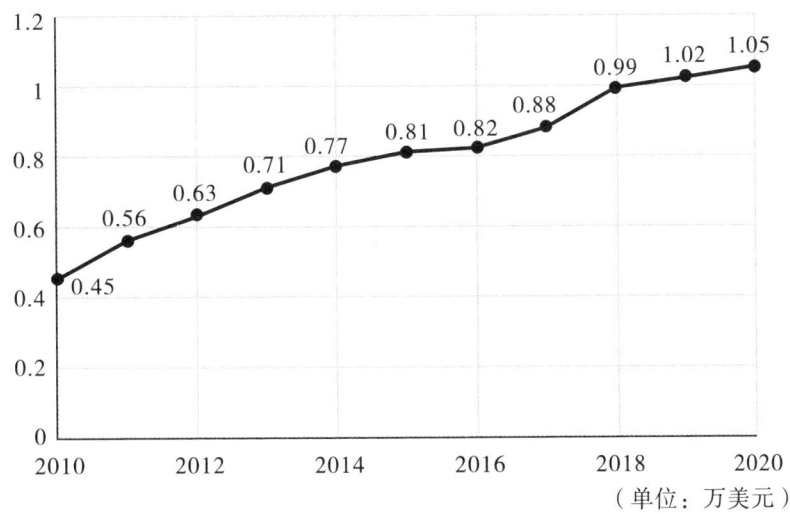

注：2020年中国人均GDP达10483.879美元，居全球第63位。

2010—2020年中国人均GDP统计情况

数据来源：IMF

"新时代"包含着人们对美好生活的向往，寄托着人们对时代的祝福。"寄语新时代""祝福新时代"也成为人们"朋友圈"中最为热门的主题。那么什么是新时代？党的十九大报告和六中全会通过的《中共中央关于党的百年奋斗重大成就和历史经验的决议》中，都对"新时代"的丰富内涵进行了科学阐释，这个"新时代"："是承前启后、继往开来、在新的历史条件下继续夺取中国特色社会主义伟大胜利的时代，是决胜全面建成小康社会、进而全面建设社会主义现代化强国的时代，是全国各族人民团结奋斗、不断创造美好生活、逐步实现全体人民共同富裕的时代，是全体中华儿女勠力同心、奋力实现中华民族伟大复兴中国梦的时代，是我国日益走近世界舞台中央、不断为人类作出更大贡献的时代。"①

新时代明确回答了举什么旗、走什么路、以什么样的精神状态、担负什么样的历史使命、实现什么样的奋斗目标的重大问题，展现了当代中国共产党人的雄心壮志和使命担当。习近平总书记更是以"三个意味着"深刻地揭示了中国特色社会主义进入新时达的重大意义，中国特色社会主义进入新时代，"意味着近代以来久经磨难的中华民族迎来了从站起来、富起来到强起来的伟大飞跃，迎来了实现中华民族伟大复兴的光明前景；意味着科学社会主义在二十一世纪的中国焕发出强大生机活力，在世界上高举起了中国特色社会主义伟大旗帜；意味着中国特色社会主义道路、理论、制度、文化不断发展，拓展了发展中国家走向现代化的途径，给世界上那些既希望加快发展又希望保持自身独立性的国家和民族提供了全新选择，为解决人类问题贡献了中国智慧和中国方案"②。中国特色社会主义进入新时代，不仅在中华人民共和国发展史上、中华民族发展史上具有重大意义，在世界社会主义发展史上、人类社会发展史上也具有重大意义。

### 2. 新时代要破解新的社会主要矛盾

中国特色社会主义进入新时代，很重要的标志就是我国社会主要矛盾已经转化为人民日益增长的美好生活需要和不平衡不充分的发展之间的矛盾。

---

① 习近平：《决胜全面建成小康社会　夺取新时代中国特色社会主义伟大胜利》，人民出版社2017年版，第10~11页。

② 习近平：《决胜全面建成小康社会　夺取新时代中国特色社会主义伟大胜利》，人民出版社2017年版，第10页。

(1) 社会主要矛盾的历史性变化依据。

1956年党的八大就提出我国社会主要矛盾的概念。改革开放以后又做了归纳和精炼，表述为"人民日益增长的物质文化需要同落后的社会生产之间的矛盾"。党的十九大报告提出我国社会主要矛盾发生了变化，是从历史和现实、理论和实践、国内和国际等的结合上进行充分思考，得出的科学结论。

这是因为：

一是"落后的社会生产"的提法已经不能真实反映我国发展的现状。经过改革开放40多年的发展，我国社会生产力水平明显提高，社会生产能力在很多方面进入世界前列。从数据上看，我国经济总量自2010年开始稳居世界第二，基础设施部分领域在世界上遥遥领先，220多种主要工农业产品生产能力稳居世界第一位。我国长期所处的短缺经济和供给不足状况已经发生根本性转变，再讲"落后的社会生产"已经不符合实际。

二是只讲"物质文化需要"已经不能真实全面反映人民群众的愿望和要求。改革开放以来，随着生活水平不断提高，人民群众不仅对物质文化生活提出了更高要求，需要也呈现多样化、多层次、多方面的特点，人们期盼有更好的教育、更稳定的工作、更满意的收入、更可靠的保障、更高水平的医疗卫生服务、更舒适的居住条件、更优美的环境、更丰富的精神文化生活。同时，人民群众的民主意识、公平意识、法治意识、参与意识、监督意识、维权意识在不断增强，这表明，人民群众对美好生活的期待越来越强烈。

(2) 社会主要矛盾的历史性变化的主要内容。

一是人民日益增长的美好生活需要。

按十九大报告所说，"我国稳定解决了十几亿人的温饱问题，总体上实现小康，不久将全面建成小康社会，人民美好生活需要日益广泛，不仅对物质文化生活提出了更高要求，而且在民主、法治、公平、正义、安全、环境等方面的要求日益增长"①，人民群众不仅要"吃得饱"，还要"吃得好"；不仅"盼温饱"，而且"盼环保"；不仅要公平正义，而且要有获得感。习近平总书记2017年7月26日在省部级主要领导干部专题研讨班上发表重要讲话，指出"人民群众的需要呈现多样化多层次多方面的特点，期盼有更好的教育、更稳定的工作、更满意的收入、更可靠的社会保障、更高水平的医疗卫生服务、更舒适的居住条件、更优美的环境、更丰富的精神文化生活"，总书记的这些重要讲话精神都为我们的工作指明了前进的方向，提出了殷切的期盼。

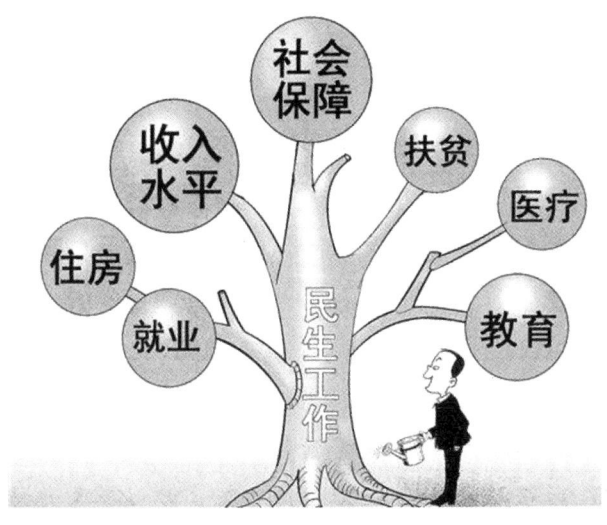

二是不平衡不充分的发展。

影响满足人民美好生活需要的因素有很多，但主要是发展不

---

① 习近平：《决胜全面建成小康社会　夺取新时代中国特色社会主义伟大胜利》，人民出版社2017年版，第11页。

平衡不充分的问题。发展不平衡，主要指各区域、各领域、各方面发展不平衡；发展不充分，主要指一些地区、一些领域、一些方面还存在发展不足的问题，发展的任务仍然很重。比如说，我国既有世界先进甚至世界领先的生产力，也有大量传统的、相对落后甚至原始的生产力；在东部地区和一些大城市，发展水平同发达国家差不多，但在一些老少边穷地区，经济社会发展还比较落后。这些发展不平衡不充分问题相互掣肘，带来很多社会矛盾和问题，是当前和今后一个时期制约我国发展和满足人民日益增长的美好生活需要的主要问题，是现阶段中国社会各种矛盾交织的主要根源。

### 3. 新时代正在造就中国式现代化道路

2008年爆发的世界性金融危机所造成的全球性经济发展危机，至今还未消散；伴随着东升西降的世界格局调整，西方资本主义普遍忧心忡忡；而新冠肺炎疫情的防控失范，直接将发达资本主义国家拉低到不发达的境地。种种迹象展示出全球都在面临一场持续的信任危机、合作危机、治理危机和发展危机。发达国家在这场危机之中，担心的是治理失序和公共卫生危机的不能有效解决而导致一系列社会政治文化冲突，带来社会的急剧变革的悲观展望，但其仍然在世界体系中居于中心地位。发展中国家的表现在整体上则更为糟糕，因为逆全球化和疫情的叠加，只能进一步加剧广大发展中国家本来就脆弱的治理体系和社会发展能力。这使得发展中国家进一步丧失了缩小与中心国家的差距的可能，边缘地位和弱者角色将注定仍然是未来半个世纪发展中国家的普遍定位。历史告诉我们，大国发展总是能够通过政治、生态、科技甚至战争的视线转移，使危机的解决可能剑走偏锋——转向于第三世界的政治目标或不发达地区。

但是，无论资本主义体系如何变革，它都意味着，以市场和民主为标榜的西方普遍主义话语范式霸权不断走向衰落，美国、欧盟、日本等为代表的资本主义大国和地区难掩发展的失落与困境，西方现代性的全球普遍价值遇到前所未有的挫折。在这场西方力量的没落中，代之而起的，则是新兴发展中国家和新兴市场力量的崛起，其中，中国特色社会主义道路独领风骚。以至于，在经历了逆全球化的盛行、新冠肺炎疫情的考验，中国仍然在危机叠加中展现一枝独秀的巨大成就，中国成为世界经济平稳向前发展的压舱石。

的确如此。

在新中国奠定的社会主义基本制度框架基础上，改革开放40多年的奋力拼搏，使中国取得了巨大的历史成就，中国经济总量稳居世界第二位，对全球经济增长的贡献率已经超越美国成为世界第一。尤其是党的十八大、十九大以来，面对世界经济复苏乏力、局部冲突和动荡频发、全球性问题加剧的外部环境，以习近平同志为核心的党中央锐意进取，攻坚克难，以巨大的政治勇气和强烈的责任担当，提出一系列新理念、新思想、新战略，出台一系列重大方针政策，推出一系列重大举措，推进一系列重大工作，解决了许多长期想解决而没有解决的难题，办成了许多过去想办而没有办成的大事，使中国社会在物质文明、精神文明、政治文明、社会文明和生态文明等各个领域取得了全方位的、开创性的成就，实现了深层次的、根本性的历史变革。

这些成就和变革，不仅实现了中华民族从站起来、富起来向强起来的转变，更"意味着中国特色社会主义道路、理论、制度、文化不断发展，拓展了发展中国家走向现代化的途径"。用一句话来概括，那就是中国特色社会主义现代化的整体成就，打破了西方普遍主义现代化的模式，正在为世界提供着一种新的社会发展文明结构。

这种新的社会发展文明结构，就是习近平总书记在建党一百周年和党的十九届六中全会通过的决议中所说的，我们开创了中国式现代化道路、开创了人类文明新形态。这种道路从哪里来？不是天上掉下来的，更不是别人的恩赐，她"是在改革开放30多年的伟大实践中走出来的，是在中华人民共和国成立60多年的持续探索中走出来的，是在对近代以来170多年中华民族发展历程的深刻总结中走出来的，是在对中华民族5000多年悠久文明的传承中走出来的，具有深厚的历史渊源和广泛的现实基础"①。

党的十九届六中全会通过的《中共中央关于党的百年奋斗重大成就和历史经验的决议》指出："党领导人民成功走出中国式现代化道路，创造了人类文明新形态，拓展了发展中国家走向现代化的途径，给世界上那些既希望加快发展又希望保持自身独立性的国家和民族提供了全新选择。"中国式现代化道路是中国共产党带领中国人民历经千辛万苦探索形成的伟大创造，不仅畅通了全面建设社会主义现代化强国的路径，而且为人类走向现代化提供了全新选择。中国式现代化道路不同于西方国家走过的现代化道路，具有鲜明的中国特色与显著优势，是实现中华民族伟大复兴的必由之路。

---

① 《在第十二届全国人民代表大会第一次会议上的讲话》，《人民日报》2013年3月18日。

## （二）广东过去五年取得新成就

党的十九大开启了全面深化改革的新征程。广东省委十二届二次全会审议通过了《中共广东省委关于持续深入学习宣传贯彻党的十九大精神　推动习近平新时代中国特色社会主义思想在南粤大地落地生根结出丰硕成果的决定》，在全省开展"大学习、深调研、真落实"活动，按照十九大的重大战略部署科学谋划新时代改革开放，奋力把广东建设成为向世界展示习近平新时代中国特色社会主义思想的重要"窗口"和"示范区"。

过去五年来，面对中美经贸摩擦和新冠肺炎疫情等多重影响，在以习近平同志为核心的党中央坚强领导下，广东全省干部群众团结奋进，先后深入推动实施一系列重大发展战略和重大政策举措，有效应对了一系列重大风险挑战，"十三五"规划主要目标任务胜利完成，决胜全面建成小康社会取得决定性成就。广东发展不断迈向高质量，正在开启全面建设社会主义现代化国家新征程。

——经济实力跃上新的大台阶。经济总量连续跨越8万亿、9万亿、10万亿元台阶，2020年全省地区生产总值超过11万亿元，如期实现比2010年翻一番，连续32年居全国首位，五年年均增长约6.0%；人均地区生产总值约9.4万元（按照1∶6.9的汇率，折合1.37万美元），五年年均增长4.2%；地方一般公共预算收入达1.29万亿元，五年年均增长6.6%，2016年即成为全国唯一超万亿元的省份。进出口总额跨越7万亿元大关，2020年达7.1万亿元，连续35年居全国首位；固定资产投资总额、社会消费品零售总额双双突破 4 万亿元，五年分别年均增长 10.5% 和 5.8%，内需对经济增长的支撑作用进一步增强。

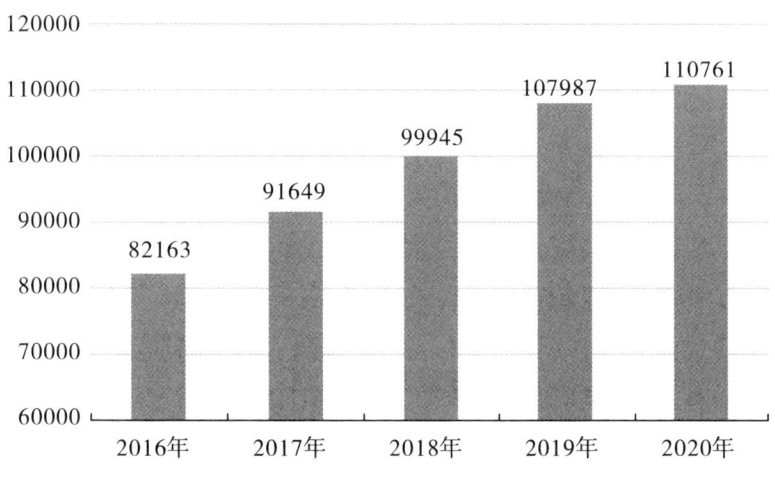

2016—2020 年广东省经济总量（单位：亿元）

数据来源：《广东省国民经济和社会发展第十四个五年规划和 2035 年远景目标纲要》

——现代产业体系初步形成。深入推进供给侧结构性改革，产业继续向中高端水平迈进，初步形成以先进制造业为支撑、现代服务业为主导的现代产业体系。支柱产业不断壮大，形成电子信息、绿色石化、智能家电等 7 个万亿级产业集群。战略性新兴产业发展迅猛，5G 产业、数字经济规模均居全国首位。现代物流业、电子商务业、健康服务业快速发展，新兴服务产业和跨境电商、市场采购贸易等新业态新模式蓬勃发展。

——全面深化改革成效显著。扎实推进 18 项重大改革任务落地见效，率先推进 13 项创造型、引领型改革任务攻坚突破。"放管服"改革持续深化，省级权责清单事项从 5567 项大幅压减至 1069 项；持续开展"减证便民"行动，累计取消各类证明事项 1220 项。全面完成省市县政府机构改革任务。数字政府改革建设走在全国前列,"粤省事""粤商通""粤政易"实名注册量分别超过9500万、600万、170万,网上政务服务能力稳居全国首位。

——全面开放新格局加快形成。粤港澳大湾区建设上升为国家战略。广东自贸试验区累计形成527项制度创新成果,41项全国首创,6项成为全国最佳实践案例,133项在全省相关范围复制推广。外贸格局持续优化,一般贸易进出口超过加工贸易,占全省进出口总额比重由2015年的42.1%提升至2020年的51.2%,民营企业出口占全省出口总额比重由39%提升至55.1%,成为第一大贸易主体;贸易新业态新模式蓬勃发展,跨境电商进出口和市场采购出口实现快速增长。

——城乡区域发展协调性明显增强。区域协调发展战略深入实施,新型城镇化战略和乡村振兴战略协同推进,"一核一带一区"[一核:珠三角地区,包括广州、深圳、珠海、佛山、惠州、东莞、中山、江门、肇庆9市;一带:沿海经济带,包括珠三角地区沿海7市和东西两翼地区7市;一区:北部生态发展区,包括韶关、梅州、清远、河源、云浮等5市]区域发展格局渐次成形,城乡区域基础设施互联互通和基本公共服务均等化水平不断提升。珠三角地区核心引领作用进一步增强,深圳建设中国特色社会主义先行示范区、广州实现老城市新活力和"四个出新出彩"[四个出新出彩:推动综合城市功能出新出彩、推动城市文化综合实力出新出彩、推动现代服务业出新出彩、推动现代化国际化营商环境出新出彩]全面推进。城乡融合发展格局加快构建,全省乡村面貌发生历史性变化。

党的十九大以来的五年,广东全省上下坚持以习近平新时代中国特色社会主义思想为指导,认真贯彻落实新发展理念,紧紧围绕"大学习、深调研、真落实",增强"四个意识",坚定"四

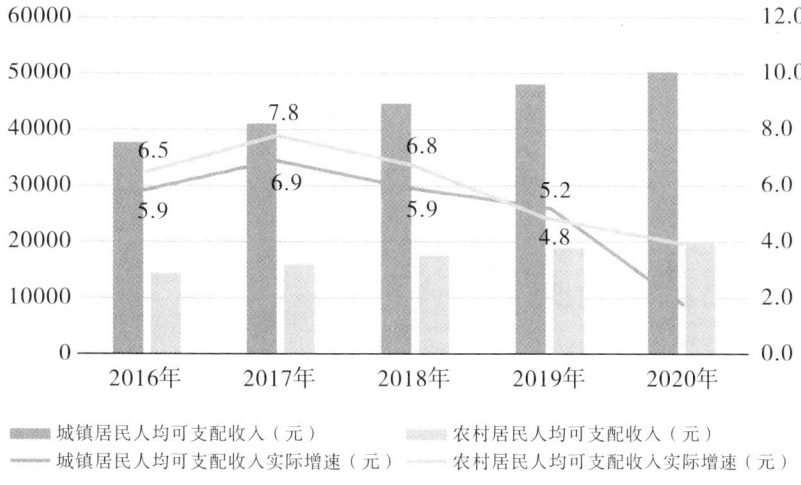

2016—2020年城镇和农村居民人均可支配收入情况

数据来源:《广东省国民经济和社会发展第十四个五年规划和2035年远景目标纲要》

个自信",做到"两个维护",贯彻落实"五位一体"总体布局,协调推进"四个全面"战略布局,用全局观念和系统思维谋划改革,经济社会取得重大成就。尤其是在新冠肺炎疫情的全面防控中,广东率先推动国内市场转型,率先在全国复工复产,形成国内循环带动国际循环的双循环新格局,为中国特色社会主义现代化强国建设的新征程贡献了自己的应有力量。

## (三) 新时代新挑战,广东要有新作为

中国特色社会主义进入新时代,我国社会主要矛盾已经发生深刻变化,广东省发展的国内外环境和自身条件同样都发生了复杂而深刻的重大变化,这意味着广东的发展将进入既具有新历史特点的重要战略机遇期,也具有充满挑战的复杂期。

## 1. 中国仍然处于重要战略机遇期

和平与发展仍然是时代主题，同时新冠肺炎疫情全球大流行使大变局加速演进，保护主义、单边主义上升，全球产业链、供应链面临冲击，世界进入竞争优势重塑、国际经贸规则重建、全球力量格局重构叠加期，国际经济、科技、文化、安全、政治等格局都在发生深刻调整，旧的格局行将打破，新的相对稳定的均势尚未建立，不稳定性、不确定性明显增强。新一轮科技革命和产业变革深入发展，数字时代加速到来，将推动生产生活方式发生前所未有的变革，并深刻改变国家间的比较优势。

在此期间，机遇和挑战都有新的发展变化，机遇和挑战之大都前所未有，总体上机遇大于挑战。从社会主要矛盾看，我国社会主要矛盾已经转化为人民日益增长的美好生活需要和不平衡不充分的发展之间的矛盾，发展中的矛盾和问题集中体现在发展质量上；从发展方式看，我国推动经济从规模扩张转向结构优化、从要素驱动转向创新驱动，正处于质量变革、效率变革、动力变革的关键时期；从战略格局看，中心城市和城市群成为承载发展要素的主要空间形式，经济发展优势区域将更多地集聚人口和要素资源。总的来看，我国已转向高质量发展阶段，制度优势显著，治理效能提升，经济长期向好，物质基础雄厚，人力资源丰富，市场空间广阔，发展韧性强劲，社会大局稳定，继续发展具有多方面优势和条件。

## 2. 广东省处于新时代高质量发展的攻坚期

进入 21 世纪以来，全球经济体普遍面临发展萎缩、消费需求下降、出口受挫，全球经济一体化格局出现逆全球化、反全球化现象。尤其是中美贸易战、新冠肺炎疫情叠加后的广东，更遇到自身竞争优势重塑、新旧动能加速转换、工业化城镇化深化、社会转型加速、全面深化改革攻坚、生态环境提升等综合复杂性的问题。寻求更多新经济模式的增长点，利用更为前沿的高新技术实现创新驱动，打破旧式的体制直接供给，实现新体制的多元供给，已经成为广东未来发展的必然选择。

广东发展呈现新的阶段性特征，正处于跨越常规性、长期性关口的攻坚阶段，既具备坚实的发展条件，也面临不少新旧矛盾挑战。一方面，广东省经济总量大、产业配套齐、消费空间广、市场机制活、开放水平高，转型升级、领先发展的态势更加明显，粤港澳大湾区和深圳中国特色社会主义先行示范区"双区驱动效应"不断增强，打造新发展格局战略支点，会为广东省发展拓展更加广阔的空间。另一方面，广东省经济结构性、体制性、周期性问题依然存在，处于"两个前沿"所面临的外部风险挑战更为直接，创新链、产业链、供应链存在明显薄弱环节，城乡、区域、精神文明和物质文明发展不平衡，生态环保、民生保障、社会治理、农业农村、安全发展等领域还存在短板弱项。

综合研判，尽管外部环境和自身条件发生了明显变化，不确定性显著提升，但广东省经济社会平稳健康发展的基础依然坚实，发展韧性好、潜力足、回旋空间大的基本特质没有变，应对重大风险和挑战的能力明显增强。中央积极支持广东省继续走在全国前列，"双区"建设等多重国家战略和先行先试政策在广东省叠加，为广东省应对新挑战、增创新优势、实现新发展带来重大机遇，将有力牵引带动广东省加快形成高水平全面开放新格局和高质量发展高地。

### 3. 坚持在变化的世界中掌握不变的规律

2017年11月，中共广东省委十二届二次全会召开。该会指出，广东要以习近平新时代中国特色社会主义思想为指引，进一步深化对省情的认识和把握，找准新时代广东发展的新起点。

一是要用辩证的思维看待变与不变。要清醒认识到，发展作为第一要务没有变，发展理念和发展方式变了，坚定不移贯彻新发展理念，推动经济发展质量变革、效率变革、动力变革。广东虽然是经济大省，综合经济实力走在前列，但是发展不平衡不充分问题仍然突出。既有珠三角与粤东西北发展不平衡问题，也有粤东西北发展不充分问题，还有特大型城市的治理问题、平安广东建设问题、生态环境治理问题，等等，都需要通过改革的思路、改革的办法来破解。作为改革开放先行地的广东，发展是解决一切问题的前提和基础，没有扎扎实实的发展成果，解决这些问题就无从谈起。要清醒认识到，改革开放作为广东发展的"关键一招"没有变，改革的任务和要求变了，把遵循顶层设计与改革创新统一起来，观照全局、勇于实践，继承和弘扬敢为人先的改革精神，在贯彻落实中央改革部署、推动改革落地生效上走在前列。要清醒认识到，为人民谋幸福的根本宗旨和"初心"没有变，满足人民群众美好生活需要的内涵和方式变了，加大投入力度，优化公共产品和服务供给，不断提升人民群众的幸福感和获得感。

2018年4月26日，广东省乡村振兴工作会议召开，会议主题是"深入学习贯彻习近平总书记'三农'思想 举全省之力实施乡村振兴战略 切实解决广东发展不平衡不充分问题"。

广东省委书记李希强调，要坚定不移走中国特色社会主义乡村振兴道路，按照产业兴旺、生态宜居、乡风文明、治理有效、生活富裕的总要求，聚焦着力点和突破口集中用力，推动广东农业全面升级、农村全面进步、农民全面发展。

一要大力实施"头雁"工程，把农村基层党组织建设成为引领乡村振兴的坚强战斗堡垒。

二要发展"一村一品、一镇一业"，做强富民兴村产业。

三要实施"千村示范、万村整治"工程，全域推进生态宜居美丽乡村建设。

四要以社会主义核心价值观引领村规民约修订完善，塑造乡风文明新风貌。

五要鼓励支持人才"上山下乡"，为乡村振兴提供源源不断的人才支撑。

六要打好精准脱贫攻坚战，确保贫困人口如期全面脱贫。

——摘自《南方日报》2018年4月27日

二是要用全面的观点把握整体和局部。要立足全省一盘棋，省里要充分考虑地市间的差异，加强统筹协调和分类指导，各地区要进一步提高政治站位，在全省一盘棋中谋划自身发展。要立足服从服务全国大局，全力以赴服务和融入国家发展战略，切实履行广东责任、作出广东贡献。要立足对标国内外最优最好最先进标准，做到"取法乎上"，博采众长，为我所用，让我们站得更高，走得更远更扎实。在广东要用辩证的思维来把握"变"与"不变"，既要看到"不变"的一面，保持战略定力和战略耐心，不提超越阶段的改革目标，不做不切实际的事情；又要看到"变"的一面，与时俱进地理清完善改革思路、改革方法、改革举措，在"变"与"不变"中把各项事业不断推向前进。

### 4. 以"大学习、深调研、真落实"推动广东新发展

广东省委从理论与实践、历史与现实、当前与未来相统一的高度，创造性地部署落实并运用"大学习、深调研、真落实"工作成果，以新担当新作为开创广东工作新局面，这既是确保习近平总书记重要讲话精神在南粤大地落地生根、结出丰硕成果的重大举措，也是推动改革发展各项工作不断取得实效的重要方法。

学习是实践之基。大学习就是要全面深化学习贯彻习近平总书记重要讲话精神，认真扎实落实广东省委十二届以来历次全会会议精神，深化把握"大学习、深调研、真落实"的要义与推进工作机制，用学习成果指导调研实践，用调研实践推动工作落实，用抓落实的成效检验学习调研成果，不断深化对省情的认识把握，明确发展面临的形势、方位和必须解决的重大问题，破解发展难题。

调研是成功之道。从"深调研"入手，听实话、察实情，就能把存在的工作短板搞清楚，把产生的原因弄明白，并有针对性地提出提升工作质量的思路举措和行动计划，就能推动广东在新时代干出新气象、实现新作为、开创新局面。

要深刻把握落实是党性体现。抓落实是党的政治路线、思想路线、群众路线的根本要求，也是衡量领导干部党性和政绩观的重要标志。只要我们在"真落实"上用功，把"大学习、深调研"的成果体现运用到"真落实"上，把雷厉风行和久久为功结合起来，做好计划安排，列出任务清单，坚持落小落细落实，一件接着一件办，一年接着一年干，就能推动习近平新时代中国特色社会主义思想、习近平总书记系列重要"指示批

示"精神的学习贯彻不断往深里走、往实里抓,一步一步把宏伟蓝图变为现实。

# 二 "大学习、深调研、真落实"是相互贯通的有机整体

要切实贯彻落实"大学习、深调研、真落实",前提是对其要有真正的、全面的、深刻的理解,只有从整体上认识和把握"大学习、深调研、真落实"这一相互联系、相互贯通和相互促进的有机整体,才能全面掌握学习诉求和实践目标的一致、马克思主义认识论和方法论的统一、马克思主义发展观和价值论的统一,从而有效指导学习、调研和落实等各项具体工作部署。

## (一)"大学习、深调研、真落实"展现了学习诉求和实践目标的一致性

广东省委开展"大学习、深调研、真落实"活动,是学习贯彻习近平新时代中国特色社会主义思想的具体行动,展现了学习诉求和实践目标的一致性。进入新的历史方位,广东省的学习诉求和实践目标就是全面深化改革,即深入学习领会习近平新时代中国特色社会主义思想和对广东工作系列重要讲话指示批示精神,从政治上把握大局大势,推动新发展阶段改革取得更大突破、展现更大作为,为服务全国发展大局作出新的更大贡献。

## 二 "大学习、深调研、真落实"是相互贯通的有机整体

### 1. "大学习"是筑牢全面深化改革,推动广东实现"四个走在全国前列"、当好"两个重要窗口"的思想基础

学习是实践之基。中国共产党是一个重视学习、善于学习,在学习中不断成长发展的马克思主义政党。每到重大关头、关键时期中国共产党都大力倡导学习,通过学习赢得胜利,通过学习走向辉煌。这是一个百年大党的清醒和自觉,是中国共产党人面对新时代的历史使命作出的重大抉择。这也是为什么省委将"大学习"列为首要位置的重要原因。

全面深化学习贯彻习近平总书记重要讲话精神,在贯通思想体系、把握世界观方法论上下功夫。全面深化学习贯彻习近平总书记重要讲话精神,认真扎实落实省委十二届四次全会精神,必须继续把"大学习"作为重大政治任务,作为当前和今后一个时期的头等大事来抓。以深化学习激发新担当新作为的睿智干劲、激荡改革开放再出发的豪情壮志,在贯通思想体系、把握世界观方法论上下功夫。必须把深入学习贯彻习近平总书记重要讲话精神,与学习贯彻习近平新时代中国特色社会主义思想和党的十九大精神,与学习贯彻习近平总书记对广东一系列重要指示要求相结合,与推进"两学一做"学习教育常态化制度化和"不忘初心、牢记使命"主题教育相结合,与认真扎实落实省委十二届四次全会精神相结合,学深学透、思深悟透,掌握运用好马克思主义的世界观方法论,运用科学方法对广东的方位、担当、任务、问题、风险作出更客观、精准的判断,解决改革发展中的重大问题。

以"大学习"提高各级领导干部的素质能力和理论修养。各级领导干部要坚持干什么学什么,缺什么补什么,不断提高自身

的知识化、专业化水平,努力使自己真正成为行家里手、内行领导。要结合各自工作,在学习中深入思考,活学活用,把学习与岗位职责紧密结合起来,与分析工作中遇到的问题结合起来,真正把所学的知识消化吸收,转化为解决实际问题的能力和本领。各级领导干部在完整、准确把握习近平新时代中国特色社会主义思想的基础之上,立足当下,洞察新形势、新变化,不断提升理论修养,拓宽理论视野,强化理论思维。学习贯彻习近平新时代中国特色社会主义思想,有利于在提高思想觉悟基础上用科学的理论成果武装头脑,有利于在克服官僚主义、形式主义等不良作风中坚定理论立场,有利于在实现知和行相统一的层面上真正做到真抓实干、敢于担当,从而有所突破,有所作为。

党员领导干部带学促学形成"头雁效应",推动全省扎实深入学。"人不率则不从,身不先则不信。"广东省委常委同志坚持先学一步、学深一层、学透一些,走在理论学习的前列,通过带头学习、带头宣讲、带头讲党课、带头开展研讨,为全省党员干部学习贯彻当好表率。各级领导干部自觉学原著悟原理,带着感情学、带着使命学、带着责任学,在学习理论上自觉做到标准更高、要求更严,学深学透、思深悟透,带动全体党员干部和广大群众扎实深入学。以"大学习"带动学习型党组织建设,把开展大学习、大培训的任务与要求传导和落实到每一个党支部和每一名党员,引导广大党员把参加组织学习和组织培训作为一种政治责任、纪律要求、精神境界和自觉追求,激发内生动力、强大力量。

年轻干部要胜任领导工作,需要掌握的本领是很多的。最根本的本领是理论素养。马克思主义立场、观点、方法是做好工作的看家本领，是指导我们认识世界、改造世界的强大思想武器。党员干部一定要加强理论学习、厚实理论功底，自觉用新时代党的创新理论观察新形势、研究新情况、解决新问题，使各项工作朝着正确方向、按照客观规律推进。要坚持理论和实践相结合，注重在实践中学真知、悟真谛，加强磨练、增长本领。

——习近平总书记在2022年春季中央党校（国家行政学院）中青年干部培训班开班式上的讲话

## 2. "深调研"是推进全面深化改革，推动广东实现"四个走在全国前列"、当好"两个重要窗口"实践的基础

调研是成功之道。"没有调查，就没有发言权。"在开展"大学习"的基础上，广东省各地各部门大兴调查研究之风，紧紧围绕贯彻落实习近平新时代中国特色社会主义思想、习近平总书记重要指示批示精神和党中央决策部署，围绕事关广东发展的全局性、战略性和前瞻性问题，影响改革发展稳定的热点难点问题，扑下身子、沉到一线，听实话、察实情，把存在的工作短板搞清楚，把产生的原因弄明白，并有针对性地制定贯彻落实的思路举措、行动计划，把发展的路子走对走实走好，推动广东在新时代干出新气象、实现新作为、开创新局面。

"深调研"坚持以问题为导向，带着对群众的感情和对管党治党的责任，聚焦习近平总书记对广东提出的"四个走在全国前列"、当好"两个重要窗口"的要求，紧贴省委十二届四次全会出台的重大决策部署，从事关全省全局、涉及长远的问题出发，抓住广东面对历史担当的责任点、全面深化改革的切入点、开创

工作新局面的着力点、人民期待解决的关切点，立足改革发展政策指导相互支撑的导向、增添改革发展动力相互促进的指向、谋求改革发展最大效能相得益彰的方向，从深度广度上开掘标志性、引领性、支柱性的和能够更好推动改革发展的调研主题。要主动深入条件艰苦困难、矛盾复杂突出、群众不够满意的地方，了解群众需求愿望；深入基层单位、产业关联度大的行业、高精尖新科技产业集群，把准那些制约实现"四个走在全国前列"、当好"两个重要窗口"的问题脉搏，以大智慧透视纷繁复杂的问题表象，研究剖析问题背后的深层本质原因，把握改革发展规律，开阔创新视野，努力破解影响和制约广东高质量发展的体制机制问题。

五年来，广东省委紧扣全面从严治党面临的现实问题，紧贴新时代党的建设总要求，坚持走访调查和督促检查相结合，真正动起来、蹲下去，切实把存在的矛盾和问题搞清楚，确保党的建设各项工作部署落到实处，推动机关党建"双直联"制度发挥更大功效。用好党风政风评议和"民声热线"工作抓手，引导帮助广大党员在"深调研"中加深同群众的感情、加深对省情的认识，深化作风建设，开创工作新局；推动省直机关从深度广度上转化活用调研成果，及时把深调研成果转化为促进全省经济社会改革发展的思路、落实全面从严治党决策部署的举措和实现"四个走在全国前列"、当好"两个重要窗口"的强大动力。

### 3. "真落实"是全面深化改革，推动广东实现"四个走在全国前列"、当好"两个重要窗口"的关键所在

落实是发展之要。理论的生命力在于实践，习近平总书记历来高度重视抓落实，多次强调"崇尚实干、狠抓落实""一分部

## 二 "大学习、深调研、真落实"是相互贯通的有机整体

署,九分落实"。广东全省始终以习近平总书记关于抓落实重要论述为指导,心无旁骛干事业、聚精会神抓落实,推进各项工作向纵深突破,打通中央和省委决策部署落地见效的"最后一公里",努力把广东"四个走在全国前列"、当好"两个重要窗口"的建设蓝图变成现实。

广东省委十二届四次全会向全省党员干部提出,要以习近平总书记重要讲话精神为统领,突出政治站位,抓好会议精神的落实,以真抓的实劲、敢抓的狠劲、善抓的巧劲、常抓的韧劲,围绕实现"四个走在全国前列"、当好"两个重要窗口"的要求,在抓发展方式转变、经济结构调整、力促扩大开放和创新社会治理上有新担当新作为;在"杀出一条血路"中激活改革开放关键一招,以更大的勇气和智慧、更有力的措施和办法再掀新一轮改革开放热潮上有新担当新作为;在"敢为天下先"抢抓机遇、赢得先机、取得优势上有新担当新作为;在关键支撑、环境营造、风险防控、政治保证上有新担当新作为。

要确保对中央和省委的每一项部署要求都能结合实际,把政策、制度、举措、程序、责任有机结合起来。要带着对人民的感情,以落实最大多数人的根本利益为目标要求,为基层和群众排忧解难,为人民群众谋求更多获得感的改革发展实效。要坚持量的积累和质的提升并重,从具体思路、具体举措抓起,从具有全局意义的"小事"抓起,一点一点去抓,一件一件去做。要坚持"上下联动"和"左右协同"并重,大力加强省直机关各部门之间的协作配合,形成主动落实、及时落实、同步落实的良好局面。要聚焦广东实现"四个走在全国前列"、当好"两个重要窗口"的目标任务,紧盯破解发展不平衡不充分难题,通过开展"共产党员先锋岗"创建活动和重点工作大比武大竞赛活动,及时启动

精准扶贫"强基振兴"行动计划,不断提升机关党建服务中心工作的整体效能。要注重抓工作落实的实效,建立健全鼓励重实效、干实事的制度机制,坚持激励与约束并重,强化知责明责和履职尽责问责,用好督查这个监督落实的利器,形成狠抓落实的浓厚氛围,为落实习近平总书记重要讲话精神、省委十二届四次全会精神、实现"四个走在全国前列"和当好"两个重要窗口"创造更多抓落实的真效实绩,以新担当新作为开创广东工作新局面。

五年来,全省党员干部和人民群众一起,再接再厉、奋发图强,不断实现着上述目标和任务。

## (二)"大学习、深调研、真落实"体现了马克思主义认识论和方法论的统一

"大学习、深调研、真落实"这一相互贯通的有机整体,充分体现了马克思主义认识论和方法论的统一。党员干部努力学习和掌握马克思主义立场观点方法,从根本上增强认识世界和改造

世界的能力，从而有效地推进"大学习、深调研、真落实"活动的实施。

### 1. 理论逻辑

"大学习、深调研、真落实"工作部署坚持了马克思主义根本立场，充分体现了马克思主义认识论和方法论的统一。马克思主义的辩证唯物主义和历史唯物主义的认识论和方法论统一观是以科学的社会实践为基础的。

马克思主义从其诞生的时候，就以明显的实践性为特征同一切旧哲学区别开来。在人类认识史上，马克思、恩格斯第一次把科学的实践观引入认识论，并在实践的基础上使认识论与方法论统一起来。马克思说道："人的思维是否具有客观的［gegenständliche］真理性，这不是一个理论的问题，而是一个实践的问题。人应该在实践中证明自己思维的真理性，即自己思维的现实性和力量，自己思维的此岸性。"[①] 马克思把实践作为马克思主义认识论的基本观点。马克思、恩格斯虽然没有明确提出认识论与方法论统一的字眼，但他们的理论已经确立了这种观点。认识从实践开始，最终必须回到实践中去，变成指导实践的方针、措施、方法，并在指导实践的过程中受到检验，得到修正，丰富和发展其内容。马克思强调认识既然要回到实践中指导实践、变成物质力量，即认识的基础既然是改造世界的实践，那么，理论就必须和方法相统一，否则，认识指导实践就会落空。

"大学习、深调研、真落实"充分体现了马克思主义认识论基本原理，坚持实践是认识的基础、认识的来源、认识发展的动

---

[①] 《马克思恩格斯选集》第 1 卷，人民出版社 1995 年版，第 55 页。

力、认识的目的和检验认识真理性的唯一标准。"大学习、深调研、真落实"强调实践在认识中的决定作用——强调学习是把实践活动引向深入的前提、调研是深入客观实际的基础、落实是实践活动的落脚点。"大学习、深调研、真落实"尊重实践原则，有力地克服了主观主义，防止用空想代替现实、用抽象的原则剪裁实际，从根本上保证我们的思想和行动符合客观世界规律，从而有效地改造世界。此外，"大学习、深调研、真落实"工作部署还体现了马克思主义方法论基本原理，给我们开展工作提供了具体方法，即要求我们坚持一切从实际出发，实事求是。"大学习、深调研、真落实"就是用学习成果指导调研实践，用调研实践推动工作落实，用"真落实"的成效检验学习调研成果，形成良性循环。

事实上，认识每一次回到实践中去，并不能直接得到实践的检验，而是变抽象理论为具体的指导方法。在这种方法的指导下工作取得了成果，我们可以说这种认识是正确的。认识不断地回到实践中去，不断地化一般为具体，受到实践的检验，这种无限循环的过程，反映了认识论和方法论相统一的全面过程。

## 2. 历史逻辑

在探寻社会变革规律的过程中，中国共产党人在摸索中总结，在反思中革新，在胜利中自勉，形成了正确认识和改变历史潮流的科学方法。对规律的认识和把握是实践取得成功的重要源泉，而"大学习、深调研、真落实"活动符合该规律的规范性要求。

## 二 "大学习、深调研、真落实"是相互贯通的有机整体

我们党一步步走过来,很重要的一条就是不断总结经验、提高本领,不断提高应对风险、迎接挑战、化险为夷的能力水平。……要更好应对前进道路上各种可以预见和难以预见的风险挑战,我们必须从历史中获得启迪,从历史经验中提炼出克敌制胜的法宝。

——2021年2月20日习近平总书记在党史学习教育动员大会上的讲话

中国人民和中华民族的前途问题曾经是近代中国各个阶级苦苦探寻的问题,一代代的仁人志士进行了艰辛探索,从经受"欧风美雨"的洗礼到选择"以俄为师"。但在深度调研基本国情、文化传统等多重因素下,只有中国共产党的社会主义方案最终得以实现。这个方案就是在先后通过新民主主义革命和社会主义革命建立起社会主义的中国,开启中华民族伟大复兴的历史新纪元。在中华人民共和国成立初期恢复国民经济的同时,进行了土地制度改革,真正使农民获得土地,与此同时进行镇压反革命等运动,捍卫了来之不易的革命成果。在社会主义三大改造的过程中,在学习贯彻马克思主义基本原理的基础上,中国共产党在调研的基础上综合分析中国的阶级状况,通过落实赎买政策实现和平过渡,有力地保护了社会生产力,并缓和了社会冲突和矛盾。

新民主主义革命、社会主义革命的艰苦斗争和社会主义建设的艰辛探索充分证明,只有社会主义才能救中国,只有社会主义才能实现中华民族伟大复兴。这一历史进程也使得"学习、调研、落实"在中国革命的进程中得到了充分展现。

"文化大革命"结束后,通过"真理标准大讨论"恢复了马克思主义思想路线,明确实践是检验真理的唯一标准。党的十一

届三中全会实现了党和国家工作重心的转移，开启了改革开放新时期，坚定有力地落实各项有利于发展社会主义社会的生产力、增强社会主义国家的综合国力和提高人民的生活水平的举措。世纪之交，在面对国内外严峻形势时，党领导人民紧紧围绕建设中国特色社会主义这个主题，集中全党智慧，不断解决出现的新问题，及时总结正反两方面经验，并且十分重视党的自身建设，根据世界和中国发展变化以及发展提出的新要求，加强和改进党的建设；新世纪新阶段，党高度重视民生建设，强调要始终坚持"发展为了人民、发展依靠人民、发展成果由人民共享"，大力满足人民群众物质层面和精神层面的需要。

从打破贫穷社会主义、平均社会主义的思想束缚，到改革经济社会政治体制，形成全方位、多层次、宽领域的开放格局，中华民族走上了日益富强的道路。改革开放的经验证明，实现中华民族从站起来到富起来的伟大飞跃只有中国特色社会主义一种方案，而正是中国共产党人遵循学习、调研和落实的实践认识论和方法论的统一，促使中华民族重新焕发生机活力，使我们前所未有地接近实现中华民族伟大复兴的目标。

中国特色社会主义进入新时代，党的各项事业取得了历史性成就，发生了历史性变革。习近平总书记不断开辟马克思主义中国化新境界，顺应历史大势、把握时代脉搏，结合中国特色社会主义生动实践，不断赋予马克思主义新内涵，更有定力、更有自信、更有智慧地坚持和发展新时代中国特色社会主义。统筹推进"五位一体"总体布局，为民族复兴作出战略部署。提出新发展理念，推动经济结构性变革，不断提升经济发展质量；提出国家治理体系和治理能力现代化命题，为国家治理现代化制定新的蓝图，重构性健全党的领导体系、政府治理体系、武装力量体系、群团工作体系。这些理论创新和实践发展充分体现了"学习、调研、落实"的实践特性。

从传统社会主义到中国特色社会主义，从强调"摸着石头过河"到更加突出"顶层设计"，中华民族复兴的道路更加平坦，中国人民更加坚定了道路自信、理论自信、制度自信、文化自信。面对新时代世情社情国情党情的深刻变化，面对诸多不确定性因素，中国共产党人更应该坚持马克思主义认识论和方法论的统一，不断实现中华民族伟大复兴。

### 3. 实践逻辑

中国共产党百年发展史表明，正是中国共产党人科学掌握、运用、发展马克思主义，才能接续开辟了新民主主义革命道路、社会主义革命道路、社会主义建设道路和中国特色社会主义道路，使得今天的中国比历史上任何时期都更接近中华民族的伟大复兴。"大学习、深调研、真落实"科学地解答了发展所面临的认识论和方法论等重要问题，不是将其只停留于口头，不是只宣传到文件中，而是遵循一定的实践逻辑，将其统揽于新时代中国特色社会主义的伟大实践之中。

将"大学习、深调研、真落实"统揽于广东"五位一体"总体布局。坚持中国特色社会主义，按照"五位一体"总体布局，从更高水平上继续推进经济建设、政治建设、文化建设、社会建设和生态文明建设，在南粤大地上谱写中国特色社会主义伟大事业的新篇章。

第一，在"大学习"中学习和掌握马克思主义立场观点方法。着眼党的十八大以来国内外形势变化和中国各项事业发展，习近平新时代中国特色社会主义思想系统回答了新时代坚持和发展中国特色社会主义的总目标、总任务、总体布局、战略布局和发展方向、发展方式、发展动力、战略步骤、外部条件、政治保证等基本问题,并且根据新的实践对经济、政治、文化、社会、生态文明等各方面作出了理论分析和政策指导。广东省要全面落实"五位一体"总体布局各项部署,必须自觉以习近平新时代中国特色社会主义思想为指导,把习近平新时代中国特色社会主义思想贯穿到落实部署的每个环节和全过程,使之成为推进中国特色社会主义伟大事业的强大思想理论武器。

第二,在"深调研"中加深对广东"五位一体"布局的认识。习近平总书记指出,要在全党大兴调查研究之风,推动全党崇尚实干、力戒空谈、精准发力。5年来,广大领导干部主动深入条件艰苦困难、矛盾复杂突出、群众不够满意的地方,了解群众需求愿望;深入基层单位、产业关联度大的行业、高精尖新科技产业集群,采用座谈调研、实地查看、个别访谈、资料查核、问卷调查、专家访谈、大数据采集等调研方式,把准制约"五位一体"的问题脉搏,以大智慧透视纷繁复杂的问题表象,研究剖析问题背后的深层本质原因,把握改革发展规律,开阔创新思维视野,让改革发展稳定各项任务落下去,让惠及百姓的各项工作实起来,推动党中央大政方针和决策部署在基层落地生根。

第三,在"真落实"中稳步推进广东"五位一体"布局。贯彻落实中央和省委的每一项决策部署都要结合实际,把政策、制度、举措、程序、责任有机结合起来,明确干什么、怎么干、谁来干、何时完成,制定务实管用的任务书、时间表、责任状,切实防止机械照搬、上下一般粗。5年来,广东全省干部带着对人民的感情,在落实中为基层和群众排忧解难,为人民群众谋求有更多获得感的改革发展实效,不披官僚主义的花衣裳、不摆形式主义的花架子。坚持量的积累和质的提升并重，从具体思路、具体举措抓起，从"小事"抓起，一点一点去抓，一件一件去做，落实到具体事、具体人上。

## （三）"大学习、深调研、真落实"彰显了马克思主义发展观和价值论的统一

"大学习、深调研、真落实"作为一个有机整体，不仅展现了学习诉求和实践目标的一致、体现了马克思主义认识论和方法论的统一，还彰显了马克思主义发展观和价值论的统一。

### 1. "大学习、深调研、真落实"彰显了马克思主义发展观

书写中国特色社会主义这篇大文章，前无古人，后启来者，必须有科学的理论指导方能挥洒自如，顺利完成这一鸿篇巨制。中国共产党从诞生之日起，就将马克思主义鲜明地书写在自己的旗帜上，在此旗帜引领下，已经走过100年光辉历程，创造出诸多人类奇迹。但是，马克思主义既没有结束真理，也没有穷尽真理，而是为我们开辟了通向真理的道路，指明了获得真理的方法。我们必须在民族复兴的伟大实践中，不断探索和发展马克思主义，才能永葆马克思主义的青春与活力，才能保证中国特色社会主义事业顺利推进。

马克思主义是一个开放的、与时俱进的理论体系。马克思、恩格斯创建科学社会主义学说，就是看到资本主义畸形发展的弊端，为人类社会指出了一条更加科学合理的发展道路。马克思主义经典作家还从哲学、政治经济学等不同领域和层面，深刻地论

述过人类社会的发展问题，形成了关于发展问题系统而丰富的思想，为我们提供了关于发展的科学世界观和方法论。同时，马克思主义的发展观，又是具体历史阶段的产物，指引着具体时代的发展，并在指导推动实践中不断实现自身的发展。20世纪以来，发展成为中国社会主义革命、建设和改革的重要主题，我们党结合我国不同时代的具体实际，对我国的发展问题进行了不懈探索。从毛泽东同志著名的《论十大关系》到邓小平同志关于"社会主义的根本任务是发展生产力""发展才是硬道理"等重要论断以及科学发展观，都体现了中国共产党人与时俱进的马克思主义发展观。党的十八大以来，以习近平同志为核心的党中央，紧密结合新的时代条件和实践要求，以全新的视野深化对共产党执政规律、社会主义建设规律、人类社会发展规律的认识，以一脉相承的继承性和与时俱进的开拓性，深刻回答了当今中国、当今世界对中国共产党人关于发展的时代之问，在理论上不断拓宽新视野、作出新概括，丰富发展了中国特色社会主义理论体系，是马克思主义同中国实际相结合的又一次历史性飞跃。

习近平新时代中国特色社会主义思想以鲜明的时代特征，开辟了马克思主义发展理论的新境界。

我们要以更加宽阔的眼界审视马克思主义在当代发展的现实基础和实践需要，坚持问题导向，坚持以我们正在做的事情为中心，聆听时代声音，更加深入地推动马克思主义同当代中国发展的具体实际相结合，不断开辟21世纪马克思主义发展新境界，让当代中国马克思主义放射出更加灿烂的真理光芒。

——习近平总书记在庆祝中国共产党成立95周年大会上的讲话

## 二 "大学习、深调研、真落实"是相互贯通的有机整体

"大学习"是马克思主义理论发展的基础。习近平新时代中国特色社会主义思想以鲜明的中国特色，拓宽了马克思主义发展理论的新视野。当代中国的发展是在世界多极化、经济全球化、社会信息化、文化多样化的时代背景下展开的，是包括政治、经济、文化、社会、生态等方面在内的复杂系统。习近平新时代中国特色社会主义思想坚持马克思主义社会发展的整体发展观，把中国特色社会主义的发展放在和平、发展、合作、共赢的时代潮流下加以审视，放在进行伟大斗争、建设伟大工程、推进伟大事业、实现伟大梦想的历史进程中加以思考，不忘本来、吸收外来、面向未来，强调运用系统的、辩证的、统筹的、综合的观点和方法，正确处理发展中的重大关系，统筹国内国际两个大局，抓住和用好战略机遇期，更好更快地发展自己。

"深调研"是马克思主义理论发展的关键。马克思主义是时代的产物。马克思主义作为一种先进的意识，其本身就是时代化的，是反映时代精神、回答时代课题、引领时代潮流的。马克思主义之所以具有与时俱进的理论品质，在于它总是倾听时代声音，把握时代发展规律，同时代共同发展。而要聆听时代的声音必须要进行"深调研"。

每个时代都有属于它自己的问题。不同时代的主题不同、特征不同，马克思主义在其发展的各个不同阶段带有鲜明的时代特性。正如恩格斯所说的，我们的理论"是一种历史的产物，它在不同的时代具有完全不同的形式，同时具有完全不同的内容"[1]。

世界在变化，时代在进步，中国特色社会主义实践在深入，必须紧密结合时代特征，不断吸收新的时代内容，使马克思主义

---

[1] 《马克思恩格斯文集》第9卷，人民出版社2009年版，第436页。

紧跟时代发展步伐。现阶段，建设中国特色社会主义的主要任务，就是实现第二个奋斗目标。我们必须准确把握时代主题，积极回应时代挑战，不断发展马克思主义理论的新范畴、新论断，用时代化的马克思主义指导中国的新实践。

"真落实"是马克思主义理论发展的落脚点。中国化的马克思主义，理论依据是马克思主义的基本原理，历史依据和现实依据则是中国共产党人百年实践规律。如何紧密联系中国现代化建设的实际，深入研究和科学回答这些重大现实问题，并在解答这些重大现实问题中不断实现理论创新，一直是勇于创新善于实践的中国共产党人始终关注和高度重视的重大课题。

中国特色社会主义事业的发展要求理论创新不能停顿。只有不断发展着的马克思主义，才能指导社会主义建设事业取得成功。让我们要响应时代和实践的呼唤，坚持习近平新时代中国特色社会主义思想的科学指导，遵循"大学习、深调研、真落实"工作部署，围绕"1+1+9"这张广东现代化的施工图，努力创造无愧于党、无愧于人民、无愧于时代的新业绩。

### 2. "大学习、深调研、真落实"彰显了马克思主义价值论

"大学习、深调研、真落实"的实现不是一帆风顺的，具有复杂性和艰巨性。一方面，当前，中国正处于由富起来到强起来的历史关头，正处于实现第二个百年奋斗目标、实现中华民族伟大复兴的最好时期；另一方面，党内"三个不纯""四大危险"及"四大考验"等问题依然突出。因此，认真贯彻执行"大学习、深调研、真落实"，使之转化为推动解决突出问题的强大动力，为广东现代化建设事业提供重要支撑显得尤为重要。

党的十八大以来，中国共产党带领全国人民取得了各方面

## 二 "大学习、深调研、真落实"是相互贯通的有机整体

的巨大成就。但越是取得佳绩,越要居安思危,越要谨慎前行。领导干部更要清醒地认识到,当前,国际国内、党内党外和省情出现了许多新变化、新特点和新趋势。领导干部必须要扛起责任,挑起重担,将"大学习、深调研、真落实"作为推动改革发展各项工作不断取得实效的重要方法。首先,始终带着问题、带着感情、带着理想信念、带着使命担当原原本本、认认真真、全面系统地学习贯彻习近平总书记重要讲话精神。其次,要坚持问题导向,聚焦习近平总书记对广东提出的实现"四个走在全国前列"、当好"两个重要窗口",紧扣省委出台的重大决策部署,坚持走访调查和督促检查相结合,真正动起来、蹲下去,切实把存在的矛盾和问题搞清楚、弄明白。最后,要坚持以上率下抓落实,凝聚真抓实干强大合力,确保不折不扣贯彻落实中央和省委决策部署。要转变作风抓落实,提振干事创业精气神,强化真抓实干的工作作风,增强改革创新发展的能力和水平。

"大学习、深调研、真落实"体现出为中国共产党以人民为中心的价值取向。

唯物史观认为,人民群众是历史的主体,是推动社会发展进步的决定力量。坚持人民主体地位,坚持人民群众是历史的创造者,坚持依靠人民群众推动社会发展进步,是我们党一贯坚持的唯物史观,也是作为马克思主义政党的中国共产党区别于其他政党的显著标志。习近平总书记强调:"中国共产党人的初心和使命,就是为中国人民谋幸福,为中华民族谋复兴。这个初心和使命是激励中国共产党人不断前进的根本动力。全党同志一定要永远与人民同呼吸、共命运、心连心,永远把人民对美好生活的向

往作为奋斗目标"①。坚持一切为了人民,带领全国人民不断创造美好生活,生动诠释了中国共产党人的根本立场,生动诠释了全心全意为人民服务的根本宗旨,生动诠释了新时代中国特色社会主义的根本追求。坚持以人民为中心,是习近平新时代中国特色社会主义思想的核心内容,是马克思主义唯物史观的历史传承和创新发展,是我们党领导中国革命、建设和改革发展实践的经验总结,是中国共产党人不忘初心和使命的时代要求。

无论处于革命、建设还是改革时期,中国共产党始终把人民立场作为根本立场,把为人民谋幸福作为根本使命,坚持全心全意为人民服务的根本宗旨,贯彻群众路线,尊重人民主体地位和首创精神,始终保持同人民群众的血肉联系,凝聚起众志成城的磅礴力量,团结带领人民共同创造历史伟业。这是尊重历史规律的必然选择,是共产党人不忘初心、牢记使命的自觉担当。一切

---

① 习近平:《决胜全面建成小康社会 夺取新时代中国特色社会主义伟大胜利》,人民出版社2017年版,第1页。

为了人民的价值立场,是中国共产党一切工作的价值基础,也是省委部署"大学习、深调研、真落实"活动的价值灵魂。

"大学习、深调研、真落实"活动的成效最终由人民群众评判。只有在助推经济社会生产力向前发展中创造更多的物质财富和精神财富,只有符合最广大人民群众的根本利益、得到人民群众的真心拥护,才能真正体现该活动的价值,才能经得起人民群众的评判。

### 3. "大学习、深调研、真落实"将马克思主义发展观和价值论统一于广东省现代化建设的现实条件中

"大学习、深调研、真落实"作为指导广东经济社会发展的重要工作部署,蕴含着丰富的价值追求,是理论发展与价值追求的有机统一。

一部马克思主义发展史就是马克思、恩格斯以及他们的后继者们不断根据时代、实践、认识发展而发展的历史,是不断吸收人类历史上一切优秀思想文化成果丰富自己的历史。但不论时代发展面临哪些新课题、新挑战,其中一条永远不会改变,就是人民立场。在马克思之前,社会上占统治地位的理论都是为统治阶级服务的。马克思主义第一次站在人民的立场探求人类自由解放的道路,以科学的理论为最终建立一个没有压迫、没有剥削、人人平等、人人自由的理想社会指明了方向。应坚守人民立场,坚持一切为了人民、一切依靠人民,始终把人民放在心中最高位置。

《广东省2017年预算执行情况和2018年预算草案的报告》显示,2018年广东省安排616.8亿元支持实施乡村振兴战略,为历年规模最大,加上其他用于"三农"的资金,支农资金总规模

将达 1054.54 亿元。

2018 年 6 月,广东省出台了《中共广东省委 广东省人民政府关于推进乡村振兴战略的实施意见》,坚持一张蓝图绘到底,对到 2050 年广东省如何推动乡村产业、生态、文化、组织、人才振兴及城乡基础设施一体化、强化乡村振兴制度保障等一系列工作作出了全面部署,明确了乡村振兴战略时间表。到 2020 年,广东乡村振兴取得重大发展,政策体系基本形成。到 2050 年,乡村全面振兴,农业强、农村美、农民富全面实现。

——摘自《新快报》2018 年 1 月 26 日

广东省"十三五"时期经济总量迈上 11 万亿元新台阶,连续 32 年位居全国第一;经济增速高于全国平均水平;人均地区生产总值迈入高收入国家和地区之列;地方一般公共预算收入连续 30 年位居全国首位;经济活力不断增加,2020 年广东市场主体总量 1384.85 万户,稳居全国首位;社会消费品零售总额连续 38 年保持全国第一;外贸进出口总额连续 35 年居全国首位。同时,"十三五"期间,广东区域创新综合能力连续四年保持全国第一;城乡发展趋于协调,全省 161.5 万相对贫困人口和 2277 个相对贫困村全部达到脱贫出列标准;此外,"十三五"期间广东绿色发展持续推进,生态文明建设成效显著;人民生活水平全面提升,获得感幸福感安全感增强。作为改革开放的排头兵、先行地、实验区,广东站在新起点,遵循"大学习、深调研、真落实",坚持人民至上价值观,不断探索时代发展提出的新课题、回应当前面临的新挑战,继续推进马克思主义中国化。

当前,广东省正立足新发展阶段,贯彻新发展理念,打造新发展格局战略支点,以推动高质量发展为主题,以深化供给侧结

## 二 "大学习、深调研、真落实"是相互贯通的有机整体

构性改革为主线,以改革创新为根本动力,抓住"双区"建设重大机遇,深化实施"1+1+9"工作部署,提出经济发展迈上新台阶、改革开放再出发迈上新高度、生态文明建设迈入新境界等10个"新"的发展目标和建设创新强省、加快建设现代产业体系、畅通国内国际双循环等18项重点任务,更好地满足人民日益增长的美好生活需要。

# 三　把握"大学习"的世界观方法论

2017年11月27日，中国共产党广东省第十二届委员会第二次全体会议在广州召开。会议审议通过了《中共广东省委关于持续深入学习宣传贯彻党的十九大精神　推动习近平新时代中国特色社会主义思想在南粤大地落地生根结出丰硕成果的决定》。会议指出，广东省委要全面认识十九大取得的一系列重大成果，深刻把握十九大对我们党在新时代开启新征程、续写新篇章的重大现实意义和深远历史意义。会议提出，要以习近平新时代中国特色社会主义思想统领广东一切工作，全面准确把握习近平新时代中国特色社会主义思想，刻在骨子里、融入血液中，不断提升理论联系实际的能力水平，做到学在深处、谋在远处、干在实处，用习近平新时代中国特色社会主义思想引领广东在新时代新征程上阔步前进。

## （一）贯通新思想的核心要义和实践方略

习近平总书记在十九大报告中指出："十八大以来，国内外形势变化和我国各项事业发展都给我们提出了一个重大时代课题，这就是必须从理论和实践结合上系统回答新时代坚持和发展什么样的中国特色社会主义、怎样坚持和发展中国特色社会主义，包括新时代坚持和发展中国特色社会主义的总目标、总任务、总体布局、战略布局和发展方向、发展方式、发展动力、战略步骤、外部条件、政治保证等基本问题，并且要根据新的实践对经济、政治、法治、科技、文化、教育、民生、民族、宗教、社会、生态文明、国家安全、国防和军队、'一国两制'和祖国统一、统一战线、外交、党的建设等各方面作出理论分析和政策指导，以利于更好坚持和发展中国特色社会主义。"

围绕这一主题，形成了以"8个明确"为内容的核心要义：明确坚持和发展中国特色社会主义，总任务是实现社会主义现代化和中华民族伟大复兴；明确新时代我国社会主要矛盾是人民日益增长的美好生活需要和不平衡不充分的发展之间的矛盾；明确中国特色社会主义事业总体布局是"五位一体"、战略布局是"四个全面"；明确全面深化改革总目标是完善和发展中国特色社会主义制度、推进国家治理体系和治理能力现代化；明确全面推进依法治国总目标是建设中国特色社会主义法治体系，建设社会主义法治国家；明确党在新时期的强军计划的建设一支听党指挥、能打胜仗、作风优良的人民军队，把人民军队建设为世界一流军队；明确中国特色大国外交要推动建构新型国际关系，推动建构人类命运共同体；明确中国特色社会主义最本质的特征是中国共产党领导，中国特色社会主义制度是最大优势的中国共产党，党是最高政治领导力量。

围绕学习贯彻习近平新时代中国特色社会主义思想，强化掌握贯穿其中的马克思主义立场观点方法，2018年广东省委十二届四次全会审议通过了《中共广东省委关于深入学习贯彻落实新时代党的建设总要求努力把各级党组织锻造得更加坚强有力的意见》。在这个意见中,第二部分专门谈到要"切实做到内化于心。坚持思想建党、理论强党,持之以恒用习近平新时代中国特色社会主义思想武装头脑、指导实践、推动工作。"《意见》指出,各级党委(党组)理论学习中心组要"把习近平新时代中国特色社会主义思想作为学习的首要内容和第一议题,作为各级党校的核心课程和第一堂党课,带着深厚感情学,带着使命责任学,带着问题联系实际学,形成制度,形成习惯,不断深化学思践悟。……全面系统掌握习近平新时代中国特色社会主义思想的科学体系、精神实质和实践要求。着力强化信仰,真正把习近平新时代中国特色社会主义思想作为政治信仰和行动指南。着力融会贯通,学习掌握蕴含其中的马克思主义立场、观点、方法,自觉校正和改造自己的世界观、人生观、价值观。"

过去 4 年来,广东全省干部围绕上述要求,通过各种形式全面深入学习贯彻习近平新时代中国特色社会主义思想,提升了理论认识、增强了实际工作的能力。

2021 年党的十九届六中全会通过的《中共中央关于党的百年奋斗重大成就和历史经验的决议》,则在党的十九大报告基础上,结合新的实际和变化,将习近平新时代中国特色社会主义思想的理论主题实现了进一步的丰富。该决议指出:"习近平同志对关系新时代党和国家事业发展的一系列重大理论和实践问题进行了深邃思考和科学判断,就新时代坚持和发展什么样的中国特色社会主义、怎样坚持和发展中国特色社会主义,建设什么样的社会主义现代化强国、怎样建设社会主义现代化强国,建设什么样的长期执政的马克思主义政党、怎样建设长期执政的马克思主义政党等重大时代课题,提出一系列原创性的治国理政新理念新思想新战略",并将之前的"8 个明确"扩展为"10 个明确"。它们是：

明确中国特色社会主义最本质的特征是中国共产党领导，中国特色社会主义制度的最大优势是中国共产党领导，中国共产党是最高政治领导力量，全党必须增强"四个意识"、坚定"四个自信"、做到"两个维护"；明确坚持和发展中国特色社会主义，总任务是实现社会主义现代化和中华民族伟大复兴，在全面建成小康社会的基础上，分两步走在本世纪中叶建成富强民主文明和谐美丽的社会主义现代化强国，以中国式现代化推进中华民族伟大复兴；明确新时代我国社会主要矛盾是人民日益增长的美好生活需要和不平衡不充分的发展之间的矛盾，必须坚持以人民为中心的发展思想，发展全过程人民民主，推动人的全面发展、全体人民共同富裕取得更为明显的实质性进展；明确中国特色社会主义事业总体布局是经济建设、政治建设、文化建设、社会建设、生态文明建设五位一体，战略布局是全面建设社会主义现代化国家、全面深化改革、全面依法治国、全面从严治党四个全面；明确全面深化改革总目标是完善和发展中国特色社会主义制度、推进国家治理体系和治理能力现代化；明确全面推进依法治国总目标是建设中国特色社会主义法治体系、建设社会主义法治国家；明确必须坚持和完善社会主义基本经济制度，使市场在资源配置中起决定性作用，更好发挥政府作用，把握新发展阶段，贯彻创新、协调、绿色、开放、共享的新发展理念，加快构建以国内大循环为主体、国内国际双循环相互促进的新发展格局，推动高质量发展，统筹发展和安全；明确党在新时代的强军目标是建设一支听党指挥、能打胜仗、作风优良的人民军队，把人民军队建设成为世界一流军队；明确中国特色大国外交要服务民族复兴、促进人类进步，推动建设新型国际关系，推动构建人类命运共同体；

明确全面从严治党的战略方针，提出新时代党的建设总要求，全面推进党的政治建设、思想建设、组织建设、作风建设、纪律建设，把制度建设贯穿其中，深入推进反腐败斗争，落实管党治党政治责任，以伟大自我革命引领伟大社会革命。

从"8个明确"到"10个明确"，习近平新时代中国特色社会主义思想实现了对人类社会发展规律、社会主义建设规律、共产党执政规律的进一步深化，是当代中国马克思主义、二十一世纪马克思主义，是中华文化和中国精神的时代精华，实现了马克思主义中国化新的飞跃。

为进一步学习掌握六中全会的重要精神和习近平新时代中国特色社会主义思想的精神实质，2021年11月22日，广东省市厅级主要领导干部学习贯彻党的十九届六中全会精神专题研讨班在广州举行，省委书记李希作了主题报告暨开班动员讲话。李希在讲话中指出，我们要深入把握习近平新时代中国特色社会主义思想这一马克思主义中国化最新成果，深入把握《决议》概括的"十个明确"、新时代党和国家事业13个方面重大成就，增强"四个意识"、坚定"四个自信"、做到"两个维护"，不断提高政治判断力、政治领悟力、政治执行力，在新时代更好坚持和发展中国特色社会主义。

## "粤学习"正式上线！你今天学习了吗？

2022年2月22日，根据广东省委网信办"粤学习"网上理论传播工程工作部署，由省委网信办指导、南方网运营的"粤学习"APP正式上线。该移动客户端聚焦习近平新时代中国特色社会主义思想传播和广东实践，目前已在各大手机应用市场上架。

"粤学习"APP致力于全面提升习近平新时代中国特色社会

主义思想的网上传播力度、密度和深度，全面反映广东贯彻落实习近平新时代中国特色社会主义思想的具体举措和生动实践。

——摘自腾讯网 2022 年 2 月 23 日

## （二）全面落实习近平总书记对广东工作系列重要讲话指示批示精神

2018 年 3 月 7 日，习近平总书记在参加十三届全国人大一次会议广东代表团审议时指出，"广东是改革开放的排头兵、先行地、实验区，在我国改革开放和社会主义现代化建设大局中具有十分重要的地位和作用"，赋予广东"两个重要窗口"的重要定位和光荣使命——"广东既是向世界展示我国改革开放成就的重要窗口，也是国际社会观察我国改革开放的重要窗口"。要求广东进一步解放思想、改革创新，真抓实干、奋发进取，以新的更大作为开创广东工作新局面，对广东提出了"四个走在全国前列"的要求——在构建推动经济高质量发展体制机制、建设现代化经济体系、形成全面开放新格局、营造共建共治共享社会治理格局上走在全国前列。这是时代的要求，也是广东的责任。

2018 年 6 月 8—9 日，广东省委第十二届四次全会在广州召开。会议通过了《关于深入学习贯彻落实习近平总书记重要讲话精神　奋力实现"四个走在全国前列"的决定》和《关于深入学习贯彻落实新时代党的建设总要求　努力把各级党组织锻造得更加坚强有力的意见》。坚持以习近平总书记重要讲话精神统揽广东工作全局，深入分析广东面临的新方位新形势新任务，进一步明确广东实现"四个走在全国前列"、当好"两个重要窗口"的目标要求、任务举措,确定今后一个时期需要集中发力的重点工作。

## 1. 广东始终在全国先行先试

党的十一届三中全会的号角,吹响了改革开放嘹亮的乐章,一场决定中国命运的伟大实践在中国大地开启。全国改革开放风起云涌,百舸争流。改革开放的总设计师邓小平同志对时任广东省委书记习仲勋说:"中央没有钱,可以给些政策,你们自己去搞,杀出一条血路来。"① 广东始终在全国是先行先试,走在前列! 1978 年,虎门创办全国最早的"三来一补"企业之一——太平手袋厂,蛇口工业区响起填海造港的开山炮。1979 年,深圳、珠海两地列为经济特区,由此成为中国改革开放的重要标志之一。深圳"时间就是金钱,效率就是生命"的口号,成为时代思想和行动的坐标。1983 年,新中国第一只股票在深圳发行,这只股票催生了国内第一个股份制企业。1992 年,邓小平同志"南方谈话"发表后,迅速在全国掀起新一轮改革开放浪潮。再到今天的粤港澳大湾区建设,将打造国际一流湾区和世界级城市群……40多年改革开放,坚决完成中央交给广东新的时代任务,广东以新的更大作为奋力实现"四个走在全国前列",当好"两个重要窗口",努力把大湾区建设的美好蓝图变成繁荣发展人民共享改革现实成果的实践。

## 2. 广东始终走在全国前列

40 多年改革创新,40 多年真抓实干,40 多年奋发进取! 广东

---

① 《邓小平年谱(一九七五——一九九七)》(上),中央文献出版社 2004 年版,第 510 页。

发展基础好，起点高，继续发展的要求也高。从"三个定位、两个率先"到"四个坚持、三个支撑、两个走在前列"再到"四个走在全国前列"都体现了继续发展对广东的更高要求。努力奔跑的广东在省委、省政府领导下，豪情满怀，沿着习近平总书记指引的道路，深入学习宣传贯彻习近平新时代中国特色社会主义思想和习近平总书记重要讲话精神，不断深化"大学习、深调研、真落实"工作，全面系统学，及时跟进学，深入思考学，联系实际学，持续推动学习贯彻往深里走、往实里抓，以学促干、知行合一，向着奋力实现"四个走在全国前列"的目标，昂扬进发、努力向前，奋力在新时代干出新气象、实现新作为，不断取得新成就。

一是把改革开放的旗帜举得更高更稳。"惟希望也，故进取；惟进取也，故日新。"改革开放是当代中国发展进步的活力之源，是党和人民事业大踏步赶上时代的重要法宝。把改革开放的旗帜举得更高更稳，过去广东是改革开放的受益者，现在改革开放的旗帜是做好广东一切工作的关键一招。"十三五"期间，广东更大力度深化改革，增创开放型经济新优势。重点领域改革攻坚克难，市场发展活力动力充分激发。大力开展"数字政府"改革，推进数据共享、流程再造、管理创新，推出"粤省事""粤商通""粤政易"系列品牌，高频服务事项基本实现"指尖办理"，网上政务服务能力跃居全国首位。省级权责清单事项从5567项压减到1069项，率先开展"证照分离"改革全覆盖试点，工程建设项目审批、不动产登记和企业开办时间大幅压缩，五年净增各类市场主体600万户、总量达1385万户。全面推进中央支持深圳综合改革试点的27项举措和40项首批授权事项，落实金融支持粤港澳大湾区建设30条政策，启动大湾区中医药高地建设。网上举办广交会，实施"粤贸全球"计划，外贸进出口规模和市场份额保持稳定，东盟成为广东省第一大贸易伙伴。推进贸易结构优化调整，支持加工贸易转型升级，大力发展一般贸易，扩大大宗商品进口，推进服务贸易创新发展，积极培育外贸新业态，新增7个跨境电商综试区，市场采购出口增长23%。健全重大外资项目高层常态化沟通协商机制，新设外商直接投资项目1.3万个，其中超1亿美元项目43个。全年实际利用外资1620亿元，增长6.5%，总量创近年来新高。2021年是"十四五"开局之年，经济社会发展继续迈上新台阶。东莞继深圳、广州、佛山之后，成为广东省第四个经济总量过万亿城市，金融业增加值突破1万亿元。

二是经济高质量发展体制机制立梁架柱。习近平总书记强调："构建推动经济高质量发展的体制机制是一个系统工程，要通盘考虑、着眼长远，突出重点、抓住关键。"[1] 广东省"十三五"期间，紧抓大湾区经济高质量发展体制机制立梁架柱。粤港澳大湾区国家重大战略全面实施，深圳先行示范区开局良好。习近平总书记、党中央作出建设粤港澳大湾区、支持深圳建设中国特色社

---

[1] 《习近平李克强栗战书汪洋王沪宁赵乐际韩正分别参加全国人大会议一些代表团审议》，《人民日报》2018年3月8日。

会主义先行示范区的重大战略部署，赋予广东重大历史使命。大力度统筹区域协调发展，着力增强内生发展动力，加快构建"一核一带一区"区域发展格局。基础设施互联互通水平显著提升，港珠澳大桥、广深港高铁等标志性工程建成通车，新横琴口岸、莲塘/香园围口岸正式开通。国际科技创新中心建设进展顺利，广深港澳科技创新走廊加快形成，光明科学城、松山湖科学城综合性国家科学中心先行启动区建设稳步推进。

三是建设现代化经济体系勇闯新路。习近平总书记强调："建设现代化经济体系，事关我们能否引领世界科技革命和产业变革潮流、赢得国际竞争的主动，事关我们能否顺利实现'两个一百年'奋斗目标。"[1] "十三五"期间，广东省科技创新能力大幅跃升，现代产业体系优化升级。全省研发经费支出从1800亿元增加到3200亿元，占地区生产总值比重从2.4%提高到2.9%，区域创新综合能力跃居全国第一，有效发明专利量、PCT国际专利申请量保持全国首位。布局建设10家省实验室，积极创建国家实验室，实施九大重点领域研发计划，基础与应用基础研究能力显著提升。国家级高新区增加到14家，高新技术企业达5.3万家。主营业务收入5亿元以上工业企业全部设立研发机构。在粤两院院士达102人，引进121个创新创业团队。产业转型升级步伐加快，形成电子信息、绿色石化、智能家电、先进材料等7个万亿级产业集群，广东省进入世界500强企业从7家增加到14家，规上工业企业超过5.5万家。国家质量考核连续5年获得A级。

"十四五"期间，继续深入推进粤港澳大湾区和深圳先行示

---

[1] 《习近平李克强栗战书汪洋王沪宁赵乐际韩正分别参加全国人大会议一些代表团审议》，《人民日报》2018年3月8日。

范区建设，强化广州、深圳"双城"联动，打造高质量发展动力源。实施扩大内需战略，大力推动内外联动，增强畅通国内大循环和联通国内国际双循环的功能。强化战略科技力量，加强基础研究、技术攻关和创新生态建设，提升自主创新能力。

四是共建共治共享让广东人民幸福升级。人民对美好生活的向往，是共产党人努力奋斗的目标所在。习近平总书记强调，要"形成有效的社会治理、良好的社会秩序，使人民获得感、幸福感、安全感更加充实、更有保障、更可持续"[①]。加大民生保障力度，坚决兜牢兜好民生底线。加大对市县保基本民生、保工资、保运转的支持力度，中央直达资金及时下达基层，安排省对市县各项补助和债务转贷资金5260亿元，增长12.7%。三大攻坚战取得决胜成果，全面小康成色更足。高质量打好打赢脱贫攻坚战，派出6.5万名驻村干部，投入1600亿元，全省161.5万相对贫困人口、2277个相对贫困村全部达到脱贫出列标准，贫困户"两不愁三保障"全面实现。强力整治生态环境突出问题，让全省人民感受绿水青山的美好。新增污水管网3.3万千米，污水日处理能力814万吨，茅洲河、练江等重点流域治污实现历史性突破、水质显著好转，基本消除地级以上城市建成区黑臭水体，全面消除劣Ⅴ类国考断面，空气质量优良天数比例达95.5%，PM2.5浓度降至22微克/立方米，生活垃圾日处理能力达14.9万吨，增长91%。乡村振兴战略加速推进，农村面貌正在发生显著变化。落实五级书记抓乡村振兴，实施"头雁工程"，加大投入力度，"3年取得重大进展"目标全面实现。大力开展"千村示范、万村整

---

[①] 习近平：《决胜全面建成小康社会，夺取新时代中国特色社会主义伟大胜利》，人民出版社2017年版，第45页。

治"，人居环境明显改善，广大农村呈现出良好发展态势。筑牢常态化疫情防控严密防线。2021年，在最短时间内打赢首次正面同新冠肺炎病毒德尔塔变异毒株的交锋战，及时高效处置广州、深圳、东莞等地多起本土疫情。广东同时密切关注境外疫情管理，粤港澳携手严防疫情输入输出，强化了粤港澳疫情的联防联控。

## （三）学党史悟思想开新局

中国共产党领导中国人民走过的百年历程，验证着只有中国共产党才能领导中国走向未来，彰显着只有坚持中国特色社会主义这个方向中国这艘巨轮才能坚定地走向未来。

2021年，在庆祝中国共产党百年华诞的重要历史时刻，在"两个一百年"历史节点上，以习近平同志为核心的党中央作出重大战略决策：在全党开展党史学习教育。2021年11月11日十九届六中全会审议通过《中共中央关于党的百年奋斗重大成就和历史经验的决议》。回顾党走过的百年奋斗历程，总结党的百年奋斗重大成就和历史经验，是新时代中国共产党人牢记初心使命、坚持和发展中国特色社会主义的政治宣言，是以史为鉴、开创未来、实现中华民族伟大复兴的行动指南，是中国共产党人把握百年奋斗史最珍贵的教科书。

要深入学习贯彻习近平总书记重要讲话精神，认真贯彻落实党的十九届六中全会精神，从省委常委一班人做起，以身作则、以上率下，带动全省上下更好把握和运用党的百年奋斗历史经验，弘扬伟大建党精神，坚定信心、勇毅前行，沿着总书记指引的方向走好新的赶考之路。

——李希在广东省委理论学习中心组《深入学习贯彻习近平总书记在省部级主要领导干部学习贯彻党的十九届六中全会精神专题研讨班开班式上的重要讲话精神》专题学习会上的讲话

### 1. 学习党史的根本诉求

一是坚定历史自信。只有全党坚持党史学习才能坚定历史自信，只有坚定历史自信，才能自觉坚守理想信念。百年历程是党矢志践行初心使命的历程、是筚路蓝缕奠基立业的历程、是创造辉煌开辟未来的历程。

为了实现中华民族伟大复兴，中国共产党团结带领中国人民，浴血奋战、百折不挠，创造了新民主主义革命的伟大成就。新民主主义革命时期，在毛泽东思想引领下，党团结带领人民，完成了反对帝国主义、封建主义、官僚资本主义，争取民族独立、人民解放的主要任务，为实现中华民族伟大复兴创造根本社会条件。中国共产党和中国人民以英勇顽强的奋斗向世界庄严宣告，中国人民站起来了，中华民族任人宰割、饱受欺凌的时代一去不复返了，中国发展从此开启了新纪元。

为了实现中华民族伟大复兴，中国共产党团结带领中国人民，自力更生、发愤图强，创造了社会主义革命和建设的伟大成就。社会主义革命和建设时期，党实现从新民主主义到社会主义的转变，进行社会主义革命，推进社会主义建设的历史任务，为实现中华民族伟大复兴奠定根本政治前提和制度基础。中国共产党和中国人民以英勇顽强的奋斗向世界庄严宣告，中国人民不但善于破坏一个旧世界，也善于建设一个新世界，只有社会主义才能救中国，只有社会主义才能发展中国。

为了实现中华民族伟大复兴，中国共产党团结带领中国人民，解放思想、锐意进取，创造了改革开放和社会主义现代化建设的伟大成就。改革开放和社会主义现代化建设新时期，党继续探索中国建设社会主义的正确道路，解放和发展社会生产力，使人民摆脱贫困、尽快富裕起来，为实现中华民族伟大复兴提供充满新的活力的体制保证和快速发展的物质条件。中国共产党和中国人民以英勇顽强的奋斗向世界庄严宣告，改革开放是决定当代中国前途命运的关键一招，中国大踏步赶上了时代。

为了实现中华民族伟大复兴，中国共产党团结带领中国人民，自信自强、守正创新，统揽伟大斗争、伟大工程、伟大事业、伟大梦想，创造了新时代中国特色社会主义的伟大成就。党的十八大以来，中国特色社会主义进入新时代，在习近平新时代中国特色社会主义思想引领下，党团结带领人民，坚持和加强党的全面领导，统筹推进"五位一体"总体布局、协调推进"四个全面"战略布局，坚持和完善中国特色社会主义制度、推进国家治理体系和治理能力现代化，坚持依规治党、形成比较完善的党内法规体系，战胜一系列重大风险挑战，实现第一个百年奋斗目标，明确实现第二个百年奋斗目标的战略安排，党和国家事业取得历史性成就、发生历史性变革，为实现中华民族伟大复兴提供了更为完善的制度保证、更为坚实的物质基础、更为主动的精神力量。中国共产党和中国人民以英勇顽强的奋斗向世界庄严宣告，中华民族迎来了从站起来、富起来到强起来的伟大飞跃，实现中华民族伟大复兴进入了不可逆转的历史进程。

二是坚定政党自信。党的百年奋斗锻造了走在时代前列的中国共产党。党成立时只有 50 多名党员，今天已成为拥有 9500 多万名党员、领导着 14 亿多人口大国、具有重大全球影响力的世界第一大执政党。在庆祝中国共产党成立 100 周年大会上，习近平总书记首次概括了伟大建党精神："一百年前，中国共产党的先驱们创建了中国共产党，形成了坚持真理、坚守理想，践行初心、担当使命，不怕牺牲、英勇斗争，对党忠诚、不辜负人民的伟大建党精神，这是中国共产党的精神之源。"坚持马克思主义真理，坚持共产主义理想信念是中国共产党人的政治灵魂，是共产党人经受住任何考验的精神支柱。践行初心、担当使命就是践行为中国人民谋幸福、为中华民族谋复兴的初心和使命。不怕牺牲、英勇斗争是共产党人与生俱来的政治品格。对党忠诚就是对党的信仰忠诚、对党的理论路线方针政策忠诚、对党的事业忠诚、对党的组织忠诚。不负人民就是不辜负人民的期望和重托，不负为人民服务的使命。

中国共产党正领导中国人民在中国特色社会主义道路上不可逆转地走向中华民族伟大复兴，无愧为伟大光荣正确的党。

### 2. 党史学习教育成效显著

广东作为改革开放的排头兵、先行地、实验区，地处"两个前沿"，两年来，广东全省上下以高度思想自觉、政治自觉、行动自觉，深入学习贯彻习近平总书记关于党史学习教育的重要论述精神，坚持高站位统筹谋划、高质量扎实推进、高标准示范带动，推动全省党史学习教育落地生根开花结果取得扎实成效。

一是党史学习教育全面推开、层次推进、走深走实。

以史为鉴认清现实，以史为鉴，才能开创未来。自党中央作出决策部署以来，广东严格对标对表中央精神，立足省情现实，把开展党史学习教育作为重大政治任务，全面迅速推开，精心组织实施，有力有序推进，打出一套有章有法的组合拳。

广东省委高度重视，第一时间召开全省党史学习教育动员大会，成立以省委主要领导为组长的党史学习教育领导小组，结合广东实际制定"1＋10＋N"总体部署和实施方案，形成"责任图、路线图、流程图、效果图"，实施"挂图作战"，明确工作节点、细化目标任务。通过召开省委常委会会议、全省党史学习教育动员大会、广东省庆祝中国共产党成立100周年座谈会、全省传达学习贯彻党的十九届六中全会精神干部大会、省委十二届十五次全会、省委党史学习教育领导小组会议、省委党史学习教育工作推进会等，对党史学习教育作出系统部署安排，层层推进落实。

省领导以上率下，先后主持或参加党史学习教育调研指导、讲授党课、参加专题组织生活会，形成旗帜鲜明的导向，示范带动全省党史学习教育走深走实。全省各级党委（党组）切实担起主体责任，全力推动这次党内集中教育覆盖到本地区本部门每一个党组织，转化为每一个党员的自觉行动。省委高规格举办12期省级、市厅级主要领导干部专题研讨班，省管干部专题研讨班，举办高校领导干部暑期读书班和8期高校思政课骨干教师专题培训班。各地各单位开展专题培训16.7万场（次）、理论学习中心组专题学习24.5万多场。领导干部们发挥领学促学作用，带动广大党员干部全身心投入，持续掀起党史学习教育集中研讨热潮。自主学习、专题党课、专题民主生活会、专题培训……各级党员干部潜心学习、深入思考，在学思践悟中学懂弄通做实党的创新理论，真正做到学有所思、学有所悟、学有所得。广东选优配强各级宣讲队伍，发动重要事件亲历者、理论工作者、一线工作者及百姓宣讲人才等各界宣讲力量，组建各级各类宣讲团1500多个，围绕党的百年光辉历程、习近平总书记"七一"重要讲话精神、党的十九届六中全会精神，深入各地各单位开展集中宣讲5万多场。

二是扎实推动党史学习深入群众、深入基层、深入人心。

红色资源，是开展党史学习教育的生动课堂。广东是一片革命热土，拥有丰厚的红色资源，自党史学习教育开展以来，广东大力发扬红色传统，用活红色资源，推动党史学习教育深入群众、深入基层、深入人心。

党史学习教育开展两年来，省级层面安排近4亿元用于全省146处红色革命遗址和纪念设施的保护利用，组织开展"走进100个广东红色革命遗址""讲述100个广东红色故事""遴选100张南粤红色文化名片"等活动，因地制宜推出10条省级、129条市级红色旅游、红色研学精品路线。星罗棋布的红色地标串珠成链，让党史知识、红色故事浸润党员群众心田。

中共广东省委宣传部、中共深圳市委宣传部联合摄制了大型纪录片《红色热土》，于2021年4月在中央电视台4套中文国际频道播出。摄制组先后拍摄广州、深圳、汕头、韶关、梅州、惠州、汕尾等广东省内50多处红色革命遗址，采访了30多位历史见证人及见证人子女，收录了大量电报、文件、回忆录、老照片等珍贵史料，并采用电影式历史情景复现手法，鲜活生动地反映了中共三大、国共联合创办黄埔军校、毛泽东同志主办农民运动讲习所、海陆丰农民运动、建立中央红色交通线、红军长征过粤北、东纵抗战、香港文化名人大营救、广州升起第一面五星红旗等代表性历史事件，提供了生动的党史学习教育教材。

三是党史学习融入日常、常学常新。

学好党史需要持续用力，久久为功。广东总结运用这次党史学习教育的经验做法，不断深化认识，建立常态化、长效化制度机制，把党史学习教育融入日常、抓在经常，让正确党史观更深入、更广泛地树立，让正史成为全党全社会的共识。

党史学习教育广覆盖、入人心。广东有近30.6万个基层党组织、超过560万党员，除了突出抓好县处级以上领导干部这一"关键少数"，示范引领广大党员学懂弄通党的创新理论，还把流动党员纳入全省党史学习教育整体部署安排，制定在粤流动党员"一起学党史·粤学粤精彩"10项措施。一年来，省安排450万元专项资金及时发放学习资料，在流动党员"家门口"开设党史课堂，开展集中宣讲7592场，通过摸齐流动党员信息、健全平台、创新形式、优化服务，确保"人要找到，书要发到，过一次组织生活"。

强化党史学习与基层党建相结合，不断增强凝聚力战斗力。广东坚持把党史学习教育作为基层党建重要任务，贯穿全过程各方面：推动实施加强党的基层组织建设三年行动计划，将党史学习教育纳入新一届村（社区）党组织书记履职培训重点内容，举办培训2400多班次。各级领导班子全面落实第一议题制度、理论学习中心组、"三会一课"等学习制度。一系列抓手让各级党组织凝心聚力，坚定政治方向，引导党员干部深刻认识"两个确立"的决定性意义，把做到"两个维护"体现在实际行动上。

突出党史学习务实效，努力在办实事中筑牢初心使命。两年来，广东扎实开展"我为群众办实事"实践活动，推进省及各地各单位717个重点民生项目，并着力把办实事举措转化为制度性成果，持续完善"小切口大变化"民生实事办理制度。如今，围绕"厕所革命"、减证便民等管长远、易反复项目，全省建立相关规章制度200余项。

从历史走向未来。从党的百年奋斗历程中汲取智慧和力量，全省干部群众进一步统一思想、坚定信心，凝聚起心往一处想、劲往一处使的豪情壮志，以更加昂扬的姿态奋进新征程、建功新时代，继往开来开辟新的事业，奋力推动广东在新征程中走在全国前列、创造新的辉煌。

# 四 聚焦"深调研"的方法之道

进入新时代,广东推进改革的历史条件和任务要求都发生了很大变化。要进一步谋求高质量发展,就需要坚持问题导向,把遵循顶层设计与改革创新统一起来。一方面,广东要自觉与中央要求对标对表,确保改革方向正确,确保改革于法有据,规矩不能破,红线不能碰。另一方面,在中央顶层设计下有广阔的探索空间,广东结合实际推进改革,深化调查研究,重新定位发展格局发展使命,勇于实践,推动广东改革在新起点上续写新篇章。

## (一)重新定位省情市情县情

中国特色社会主义进入新时代,广东省情市情县情也发生变化,呈现出新的阶段性特征。要把握好相应的特征,就要深入调查研究,深入到对省情市情县情的了解中去。

### 1. 从"深调研"中找问题、寻对策

习近平总书记指出:"调查研究是做好工作的基本功。一定

要学会调查研究,在调查研究中提高工作本领。"① 调查研究是谋事之基、成事之道。没有调查,就没有发言权,更没有决策权。研究、思考、确定全面深化改革的思路和重大举措,刻舟求剑不行,闭门造车不行,异想天开更不行,必须进行全面深入的调查研究。

2012年12月,新当选的中共中央总书记习近平第一次到地方考察就来到广东,对广东工作提出"三个定位、两个率先"的目标,强调要坚定不移走改革开放的强国之路,做到改革不停顿、开放不止步。2014年3月,习近平总书记参加十二届全国人大二次会议广东代表团的审议时,就全面深化改革、推动产业优化升级、加强社会主义精神文明建设作出重要指示。2017年4月,习近平总书记对广东工作作出重要批示,充分肯定党的十八大以来广东各项工作,希望广东以"四个坚持、三个支撑、两个走在前列"统领工作全局,在新起点上再创新局。2018年3月,习近平总书记参加十三届全国人大一次会议广东代表团的审议时,提出"以新的更大作为开创广东工作新局面,在构建推动经济高质量发展体制机制、建设现代化经济体系、形成全面开放新格局、营造共建共治共享社会治理格局上走在全国前列"的殷切期望。2020年10月,习近平总书记赴广东考察调研,强调"以更大魄力、在更高起点上推进改革开放,在推进粤港澳大湾区建设、推动更高水平对外开放、推动形成现代化经济体系、加强精神文明建设、抓好生态文明建设、保障和改善民生等方面展现新的更大作为,努力在全面建设社会主义现代化国家新征程中走在全国前

---

① 《年轻干部要提高解决实际问题能力 想干事能干事干成事》,《人民日报》2020年10月11日。

列、创造新的辉煌"①。

新时代广东蓝图已然绘就,前进方向已经明确。站在这个时代交汇的关键起点上,如何再续走在全国前列的发展新篇章?面对时代提出的新问题,广东在思考,在探索,在行动。广东是改革开放的排头兵、先行地、实验区,是第一经济大省,经济总量12.4万亿,连续33年位居全国第一。广东为我国实施创新驱动发展战略提供重要支撑,科创与产业深度融合,世界瞩目。

党的十九大后,以省委书记李希为班长的新一届省委班子团结带领广东干部群众,自觉运用习近平总书记教给的世界观方法论谋划发展、推动工作,完善"大学习、深调研、真落实"工作方法,持之以恒实施"1+1+9"工作部署,用工作体现忠诚老实,用发展体现担当负责,用解决问题体现落实成效,把学习贯彻习近平总书记重要讲话精神持续引向深入,真正当好习近平新时代中国特色社会主义思想的坚定信仰者和忠诚实践者。

2017年11月,在广东省委十二届二次全会部署开展的"大学习、深调研、真落实"工作中,经过广泛征求意见,提出9个重大调研课题:全面加强党的建设,推动粤港澳大湾区建设,解决发展不平衡不充分问题,推进全面深化改革,建设科技创新强省,构建开放型经济新体制,建设平安广东、法治广东,推进生态文明建设,推进文化建设。这9个课题是广东贯彻落实习近平新时代中国特色社会主义思想和习近平总书记对广东工作重要指示精神的重要抓手,对准确把握现代化建设新征程中的广东历史

---

① 《以更大魄力在更高起点上推进改革开放 在全面建设社会主义现代化国家新征程中走在全国前列创造新的辉煌》,《人民日报》2020年10月16日。

方位，全面辩证把握省情市情县情起到重要的作用。开展"深调研"，就是为了进一步深化对广东省情的认识和把握，找准新时代广东发展的着力点和突破口，形成推进落实的具体行动计划和行动方案。这是广东贯彻落实习近平总书记要求"学深弄通做实"十九大精神的重要举措，是把习近平新时代中国特色社会主义思想贯彻到全省经济社会发展各方面全过程的重要部署，是实现"四个走在全国前列"的重要课题。"深调研"活动得到了全省上下的热烈响应，党委政府、人大、政协、研究机构、媒体智库等提交了一份份有思想、有高度、有见地的调研报告，共同为新时代广东改革发展凝聚智慧。

## 2. 补短板中释放综合发展潜力

以区域发展为例，区域发展不平衡是广东长期存在的突出问题。2018年6月，广东省委十二届四次全会提出"一核一带一区"的区域发展新格局。以往按照地理方位简单分块划分，把粤东粤西和粤北作为同类地区。经过深入调研，广东以新发展理念引领区域协调发展的思路逐渐清晰。对不同功能区作出更精准的定位，构建珠三角核心区、沿海经济带、北部生态发展区"一核一带一区"新格局。这一全新的区域发展战略将广东区域发展格局明确为三大板块，各自实现差异化的功能定位和区域发展策略：以广州、深圳为主引擎推进珠三角核心区深度一体化；重点打造粤东粤西沿海产业，与珠三角沿海地区串珠成链，形成沿海经济带；把粤北山区建设成为生态发展区，以生态优先和绿色发展为引领，在高水平保护中实现高质量发展。作为区域发展战略意义上的"一核一带一区"新格局，不仅仅是空间上三个不同发展定位的功能板块，而且是结合省情市情县情下的整体结构优化、发展质量升级的创新发展体系,是广东努力实现"四个走在全国前列"的新起点。

"深调研"不仅聚焦发展课题,也关注群众身边的民生与社会治理短板,"人民群众什么方面感觉不幸福、不快乐、不满意,我们就在哪方面下功夫,千方百计为群众排忧解难。"① 比如,2018年3月,广州市委负责同志收到反映海珠区大塘村存在脏乱差等问题的群众来信后,深入该地区调研,摸排问题,解决群众反映强烈的环境差、交通乱"顽疾"。坚持以人民为中心,敢于直面问题,从群众反映最多的事改起,抓紧制订实施大塘村总体整改方案,以实际行动取信于民。调研后两个多月的整治已初见成效,"环境变靓了、停车有序了、心情舒畅了",赢得了社区居民的交口称赞。

习近平总书记强调:"以生态文明建设为引领,协调人与自然关系。要解决好工业文明带来的矛盾,把人类活动限制在生态环境能够承受的限度内,对山水林田湖草沙进行一体化保护和系统治理。"② 认真学习贯彻习近平生态文明思想是学习贯彻习近平新时代中国特色社会主义思想的重要内容。广东省委书记李希就检查茅洲河治理情况,研究推进重点河流治污工作,问计破解河流污染治理难题赴深圳、东莞实地调研。茅洲河流经深圳市光明区、宝安区和东莞市长安镇,20世纪90年代初以来,流域工业化和城镇化进程加快,电镀、线路板等重污染企业高度集中,污染负荷远超环境承载能力,河水变得又黑又臭,已成为珠三角地

---

① 《习近平总书记两会金句》,《人民日报》2018年3月20日。
② 《习近平出席〈生物多样性公约〉第十五次缔约方大会领导人峰会并发表主旨讲话》,《人民日报》2021年10月13日。

系统治理后的茅洲河

区污染最严重、治理难度最大、治理任务最紧迫的河流，水质长期位列全省倒数第一。经过系统治理，茅洲河焕发新生，再现水清岸绿、鱼翔浅底景象，其治理成效被央视《共和国发展成就巡礼》《美丽中国》等纪录片收录。

短短4年茅洲河实现了从"黑臭河"到"生态河"、从"墨汁河"到"网红河"的转变，其中，"深调研"的工作方法发挥了积极作用。省委书记李希亲自挂点督导茅洲河水环境整治工作，先后5次赴茅洲河现场调研，指导推动解决重点问题；时任省长马兴瑞要求茅洲河要"坚持源头治理、科学治理、系统治理"，亲自调度、调研、督办；时任深圳市委书记王伟中带头啃最硬的骨头，担任茅洲河河长，在治水方面花费时间最多、下去调研最多、开会研究解决问题最多；同时，构建由政府河长、河湖警长、民间河长、志愿者河长、红领巾小河长等组成的立体式河湖长体系，构建了党政主导、全民参与的治水新格局。在治理模式上，探索实施"全流域治理、大兵团作战"的流域治理模式,采用EPC和EPCO总承包方式,对茅洲河流域治理项目统筹打包,实现项目质量、效率大幅提升。高峰时期,流域内一线施工人员3万多人、施工作业面1200多个,创造了最高单日敷设管网4.18千米、单周敷设24.1千米的国内纪录。在污水处理方面,走出"污水全收集、全处理、全回用"的新路子。狠抓污水管网建设和小区正本清源改造,建成污水管网2029千米,完成小区、城中村正本清源改造2482个;狠抓提标拓能,茅洲河流域新增污水处理能力81万吨/日,总处理能力达到120万吨/日,出水全部达到地表水准Ⅳ类,每天生态补水96万吨。在生态系统修复上,采用生态护岸、柔性生态护底、敞口明渠,共建成6片生态湿地、6个城市公园,广泛采用水文调控、生态工法运用、多类生境营造等措施,重构河流生态系统,为鸟类、两栖类、哺乳类动物提供栖息生境与生态廊道,从过去"水草不生、鱼虾绝迹"逐步恢复到"渚清沙白、白鹭翔集"的美好生境。在流域管理机制上,首创茅洲河等五大流域下沉督办组和四大流域管理中心,以市级河长为引领,以流域下沉督办协调组为抓手,以流域管理中心为枢纽,辖区政府分片包干的全流域统筹、全要素治理机制。在协同机制上,深莞建立"一月一会"的茅洲河联席会议机制;建立深莞两市紧密型水质监测数据交换机制,每天对接交换茅洲河干支流水质监测数据;建立常态化深莞联合执法机制,每月开展一次以上联合执法行动,整治"散乱污"企业4000多家,淘汰重污染企业77家。在高质量推进碧道建设上,探索和实践"碧一江春水、道两岸风华"的碧道愿景,在茅洲河流域建设"一河引领、六段生辉"的205千米碧道,打造碧水清流的生态廊道、人水亲近的共享廊道、水陆联动的发展廊道,实现治水、治产、治城相融合，生产、生活、生态相协调，把治水的"大投入"转化为发展和民生的"大产出"。

### 3. 以小见大助力科创强省建设

党和国家高度重视科技事业，习近平总书记强调，"创新是引领发展的第一动力"①，实施创新驱动发展战略决定着中华民族的前途命运。科技创新是高质量发展的重要引擎，是增强高水平产业和高效率高效能企业竞争力的关键所在，也是一个国家、一个地区实现强起来的必由之路。

"小体量、大能量"高新科技企业的大量汇集，带来人才、资本、技术、平台等高端要素的集聚。从过去强调总产量，到现在更注重单位产出，广东正在以提高全要素生产率为导向，推动经济实现高质量发展。

2017年，广东每平方千米经济产出超1亿元的城市有7座。其中，深圳每平方千米经济产出超过11亿元，远超上海市每平方千米4.7亿元的经济密度，位居全国之首。深圳的土地面积仅为1997平方千米，在这片不足2000平方千米的土地上，创造出2.2万亿元的GDP，是深圳向创新要动力、向高质量发展找未来的生动注脚。

中国社会科学院城市所及社会科学文献出版社发布的《商务中心区蓝皮书：中国商务中心区发展报告NO.6（2020）》显示，2019年度，广州天河（CBD）以3328亿元的生产总值蝉联全国第一，天河中央商务区集聚亿元税收楼宇71栋，其中10亿元税

---

① 习近平：《在企业家座谈会上的讲话》，《人民日报》2020年7月22日。

收楼宇17栋，聚集了120家总部企业、四大会计师事务所、五大地产行、市十大律所和主要人力资源机构，超过200个世界500强投资项目，54家外国领事机构，33家外资银行地区总部以及2000多家港澳服务业企业。

"亩产"效益不断提升、纳税"亿元楼"集中出现，背后是广东省各地市推动土地等资源向优质企业与产业集中、推动经济向高质量发展的不懈努力。在迈向经济高质量发展的过程中，一些城市先行一步，严把土地供给闸门，扩大土地有效供给和中高端供给，在源头上提升资源的配置效能。比如，在制造大市东莞，近47%的高强度土地开发，意味着过去以生产要素驱动为主的发展路径，已无法支撑城市与产业的持续发展。东莞出台的"倍增计划"针对创新土地要素供给的政策占了1/4。在政府加强引导、企业积极转型的共同努力下，2019年，东莞市每平方千米经济产出3.85亿元，位居全省第二。以提高土地利用质量和效益为目的，倒逼企业转型升级，加快推动经济发展质量变革、效率变革、动力变革，不断提高全要素生产率，正成为广东推动经济高质量发展的重点路径。

东莞横沥镇的变迁史，是珠三角产业集群转型的缩影，具有代表性。20世纪八九十年代以来，依靠土地、劳动力等生产成本优势招商引资，承接国际产业转移，吸引外国加工订单，是早期珠三角地区迅速崛起的主要原因。但近几年新冠肺炎疫情冲击下的经济发展表明，粗放式的发展方式不具有可持续性。尤其是我国优秀的科技企业频遭打压，给我们上了深刻一课："缺芯少魂"的发展最终会受制于人。从低端制造向高质量发展转变的道路上，横沥镇走出了一条独具特色、以协同创新思想为指导的科技创新之路。所谓"协同创新"，是指创新资源和要素有效汇聚，通过突破创新主体间的壁垒,充分释放彼此间"人才、资本、信息、技术"等创新要素活力而实现深度合作。美国硅谷、我国北京中关村的经验表明,一旦打通了高校院所和企业之间的合作,产生的威力将是巨大的。

横沥镇的成功,就在于通过模具产业协同创新中心这个无编制、无等级的服务平台,畅通了政、产、学、研四个创新主体之间的合作,使彼此成为一种互相依赖的密切关系。

## (二)大兴调查研究之风

调查研究是中国共产党的重要思想方法和工作方法。习近平总书记指出:"坚持一切从实际出发,是我们想问题、作决策、办事情的出发点和落脚点。坚持从实际出发,前提是深入实际、了解实际,只有这样才能做到实事求是。要了解实际,就要掌握调查研究这个基本功。"①

### 1. 在新发展格局下要用好调查研究传家宝

纵观党的百年发展史,中国共产党始终"从中国实际出发,洞察时代大势",在调查研究的基础上,把马克思主义基本原理同中国具体实际相结合,为党制定革命、建设、改革的方针政策提供可靠的依据。

20世纪20年代,以毛泽东同志为代表的中国共产党人在历

---

① 《信念坚定对党忠诚实事求是担当作为 努力成为可堪大用能担重任的栋梁之才》,《人民日报》2021年9月2日。

史紧要关头广泛深入社会调查。《中国社会各阶级的分析》《湖南农民运动考察报告》《中国的红色政权为什么能够存在?》等著作,从理论上阐明了中国革命必须走农村包围城市、武装夺取政权的道路。30年代,《寻乌调查》《兴国调查》《长冈乡调查》《才溪乡调查》等调查报告,为我们党制定新民主主义革命的战略策略提供了理论依据和客观依据。60年代初,全党大兴调查研究之风,在调查研究基础上,制定了"农业六十条""工业七十条"等,为恢复和调整国民经济提供了可靠依据并打下了坚实基础。

以习近平同志为核心的党中央高度重视调查研究工作。党中央出台八项规定,把改进调查研究摆在第一位。习近平总书记在一系列重要讲话中深刻阐释了调查研究的意义、内涵、途径、方法,并身体力行、亲力亲为,为全党重视调研、深入调研、善于调研树立了光辉典范。从提出重大战略、作出重大决策,到破解现实问题、推进具体工作;从加强党的全面领导、推进党的建设制度改革,到打赢防范化解重大风险、精准脱贫、污染防治三大攻坚战;从推动京津冀协同发展、长三角一体化发展、粤港澳大湾区建设,到谋划长江经济带发展、黄河流域生态保护和高质量发展等,习近平总书记调查研究的足迹遍布祖国的山山水水。

百年来,中国共产党在不断的调查研究中茁壮成长,马克思主义中国化在不断的调查研究中深入推进,党领导的中国特色社会主义事业在不断的调查研究中走向胜利。现在,中国共产党团结带领中国人民又踏上了实现第二个百年奋斗目标的新赶考之路。在新的征程上,理应进一步继承和发扬党的调查研究优良传统,夯实这一谋事之基,光大这一成事之道,以永不懈怠的精神状态和一往无前的奋斗姿态，继续朝着实现中华民族伟大复兴的宏伟目标奋勇前进。

## 2. 领导干部要用好调查研究思想方法和工作方法

习近平总书记高度重视调查研究，多次强调调查研究是我们党的传家宝，是做好各项工作的基本功。在党的十九届一中全会上，习近平总书记强调："正确的贯彻落实同样也离不开调查研究。"① 这与"没有调查就没有发言权""没有调查就没有决策权"这两个重要论述一道，成为逻辑紧密的一个整体，使党的调查研究理论全面涵盖了通过调查研究全面准确把握实际情况、通过调查研究作出正确决策、通过调查研究正确贯彻落实全部链条。为贯彻习近平总书记在党的十九届一中全会上关于大兴调查研究之风的重要指示，广东省委在全省部署开展"大学习、深调研、真落实"活动，在锤炼干部队伍、提高领导干部执政能力方面取得积极成效。

"深调研"是一次对领导干部基本功的检验过程。调查研究反映的是领导干部解决问题的能力。1961年春天，毛泽东在广州召开的中央工作会议上，推心置腹地讲了调查研究的体会，他说："我的经验历来如此，凡是忧愁没有办法的时候，就去调查研究，一经调查研究，办法就出来了，问题就解决了。"② 习近平总书记也指出："调查研究，是对客观实际情况的调查了解和分析研究，目的是把事情的真相和全貌调查清楚，把问题的本质和规律把握

---

① 习近平：《在党的十九届一中全会上的讲话》，《求是》2018年第1期。
② 中共中央文献研究室编：《毛泽东年谱（一九四九——一九七六）》第四卷，中央文献出版社2013年版，第567页。

准确，把解决问题的思路和对策研究透彻。"① 广东在贯彻新发展理念、构建新发展格局的过程中，会面临各式各样的风险挑战，应对与解决这些问题依然离不开调查研究，对各种可能遇到的风险和挑战要了如指掌、对症下药、综合施策，力争把风险化解在源头、遏制在萌芽。通过深入的调查研究，真正对所从事的工作、所担负的责任胸中有数、心中有方，措施对路、方法有效，促进各项工作守正创新、取得突破。广东领导干部要认真落实习近平总书记的要求，练好这项基本功。

调查研究通向实事求是，实事求是是每个领导干部最重要的党性修养。调查研究一定要从客观实际出发。只有深下去，才能实得起来，因此调查研究是实事求是的基础。习近平总书记强调："经常扑下身子、沉到一线，近的远的都要去，好的差的都要看，干部群众表扬和批评都要听，真正把情况摸实摸透。"② 不调查研究，就不了解实事，就不能找出实事后面的"的"。调查研究是实事求是的翅膀，是唯物主义的翅膀。贯彻落实好党的思想路线，就必须在调查研究的道路上依路而行。习近平总书记指出，调查研究要从"身入"到"心至"，要运用科学的方法进行调查研究，确保科学决策的有效落实。习近平总书记不但重视调查研究，而且以身作则推动全党大兴调查研究之风。再者，调查研究也是领导干部密切联系群众的过程。中国共产党人一贯强调调查研究，不仅是因为它能够提供解决问题的方法，体现实事求是的精神，更因为它蕴含着为人民谋幸福的使命担当和责任。贴近实际的本

---

① 习近平：《谈谈调查研究》，《学习时报》2011年11月23日。
② 《信念坚定对党忠诚实事求是担当作为 努力成为可堪大用能担重任的栋梁之才》，《人民日报》2021年9月2日。

质,就是贴近群众,群众就是最大的实际。

调查研究是一个联系群众、为民办事的过程。通过深入基层、深入实际、深入群众,可以了解群众在想什么、盼什么、最需要党委政府干什么。只有充分调查研究,才能使各项决策和工作部署集中民智、体现民意、反映民情,体现人民群众的愿望和要求,得到人民群众的拥护和支持;才能贯彻好以人民为中心的发展思想,才能不忘使命和责任,感悟群众创造的智慧和力量;才能在真心实意向人民请教中拓宽工作视野、丰富实践经验、提高理论联系实际的水平,在倾听人民呼声、虚心接受人民监督中进行自我反省、自我教育,在全心全意为人民服务中提升政治站位、增强工作能力、不断完善自己。

### 3. "深调研"要把握"深"的意义和内涵

"深调研"要在"深"字上下功夫。在调查发现问题上求深。直接与基层干部群众接触,面对面了解情况和商讨问题,深切了解群众的需求、愿望和创造精神、实践经验,可以帮助党员领导干部正确认识客观世界、改造主观世界、转变工作作风,增进同人民群众的感情。不深入实际生活,坐在办公室关起门来做决策,是不可能发现实际问题,更不可能找到深层次的问题,研究背后的深层次原因。习近平总书记指出,要"深入研究影响和制约科学发展的突出问题,深入研究人民群众反映强烈的热点难点问题,深入研究党的建设面临的重大理论和实际问题,深入研究事关改革发展稳定大局的重点问题,深入研究当今世界政治经济等领域的重大问题"①,从中发掘出有价值有意义亟待研究解决的问题。

---

① 习近平:《谈谈调查研究》,《学习时报》2011年11月21日。

在研究分析问题上求深。习近平总书记多次强调调查和分析两个环节的重要性,并指出:"调查研究的根本目的是解决问题,调查结束后一定要进行深入细致的思考,进行一番交换、比较、反复的工作,把零散的认识系统化,把粗浅的认识深刻化,直至找到事物的本质规律,找到解决问题的正确办法。"① 通过对调查材料去粗取精、去伪存真、由此及彼、由表及里的思考分析综合,由感性认识上升为理性认识,把零散的认识系统化,把粗浅的认识深刻化,找到解决问题的正确办法,在此基础上作出正确的决策。坚持问题导向,善于发展问题、看懂问题、分析问题,在纵向上搞清楚问题是怎么形成、如何积累的,在横向上找准参照系,对标先进典型,找到破解难题的对策。坚持把党和人民利益放在第一位,保持求真务实的作风,增强追求真理、修正错误的勇气,既报喜又报忧,如实反映情况,把调查研究与"深、实、细、准、效"五字诀的要求落到实处。

在真正解决问题上求深。正确的决策离不开调查研究,正确的贯彻落实同样也离不开调查研究。衡量调查研究搞得好不好,关键要看调研成果的运用,看能不能真正解决问题。党的十九大明确了坚持和发展新时代中国特色社会主义的大政方针,作出了一系列重大工作部署,提出了一系列重大举措,关键是抓好贯彻落实。"深调研"要坚持以习近平新时代中国特色社会主义思想为指导,紧扣人民群众生产生活,紧扣经济社会发展实际,紧扣全面从严治党面临的现实问题,紧扣贯彻落实党的十九大精神需要解决的问题,想群众之所需,急群众之所盼,解决好群众最关心最直接最现实的利益问题,真正把调研功夫下到察实情、出实

---

① 习近平:《谈谈调查研究》,《学习时报》2011 年 11 月 21 日。

招、办实事、求实效上。要善于居安思危,增强防范、应对和化解风险挑战的本领,下好先手棋,切实从根本上解决问题。

"深调研"要在服务广东中心工作中发挥更大作用。习近平总书记赋予广东在全面建设社会主义现代化国家新征程中走在全国前列、创造新的辉煌的使命任务。比如,在推动粤港澳大湾区建设,牵引带动改革开放取得新突破的过程中,通过调研,认识到世界级湾区在世界经济版图中取得举足轻重的地位是需要经历漫长的升级转型过程,不可操之过急。粤港澳大湾区要打造国际一流湾区和世界级城市群,不能生搬硬套他国经验,要结合自身实际,善于借鉴,大胆创新。调研发现,粤港澳大湾区具备比肩世界顶级湾区的条件和潜力,全面准确贯彻"一国两制"方针,深入推进"湾区通"工程,既面临着需要创新突破的体制机制障碍,也蕴藏着巨大的机遇潜力与多样化的可能性,能够释放出强劲的驱动效应。

以港珠澳大桥为例,它是在"一国两制"条件下粤港澳三地

屹立于珠江口伶仃洋上的港珠澳大桥

首次合作共建的大项目,是一个跨度近十五年的世纪工程,也是一项跨越两岸三地的环保工程。"大桥通车,白海豚不搬家"这一庄严承诺,在2018年10月通车的这一天,被港珠澳大桥建设者们做到了。这是坚持新发展理念的最佳注脚。对域内中华白海豚保护的研究,远早于港珠澳大桥建设。由于大桥走线方案穿越珠江口中华白海豚自然保护区,与我国现行环境保护法及其相关法律法规有冲突,如果环评通不过,大桥就无法开工。要么调整保护区范围或功能规划,要么调整大桥线位走向。权衡各方利益后认为,可采取适当方式调整保护区,否则会造成造价激增、工程难度大等问题。调研团队经过反复研究,终于发现斡旋空间:在研究结论表明大桥走线对海洋环境及中华白海豚未带来不可接受的影响,且在采取严格的保护措施前提下,在工程施工期间临时调整保护区功能区的做法可行。

港珠澳大桥从前期评估起,便打响了中华白海豚的"保卫战"。据不完全统计,除安排大桥海洋生物资源补偿费用1.88亿元外,用于中华白海豚保护的投入约1.6亿元,其中包括施工中保护设施投入约6200万元,中华白海豚生态补偿金8000万元,有关课题研究约1000万元,其他费用约800万元。除资金投入,港珠澳大桥还引入了系统、科学、严格的安全环保与职业健康管理体系,通过系统性考虑安全与环保问题,为大桥建设保驾护航。对中华白海豚的保护也贯穿整个大桥的施工过程中。比如,合理安排工期,尽量避免在4月至8月中华白海豚繁殖高峰期进行大规模疏浚、开挖等作业,尽量避免集中、高强度施工,以减少对工程施工区及周边底栖生物、鱼类和中华白海豚的不利影响。

2017年7月,《深化粤港澳合作 推进大湾区建设框架协议》签署。协议指出,要共建宜居宜业宜游的优质生活圈,完善生态

港珠澳大桥与不搬家的中华白海豚

建设和环境保护合作机制,建设绿色低碳湾区。在"一个国家、两种制度、三个关税区"的特殊背景下,广东省与港澳地区秉持环保理念先行,共同探索出大湾区环境治理合作机制,加强"9+2"城市群协同合作、融合。

## (三) 注重系统谋划战略前瞻

2020年11月2日,中央全面深化改革委员会第十六次会议召开。在大会上,习近平总书记指出,贯彻党的十九届五中全会精神,要继续把握好改革和发展的内在联系,深刻认识我国社会主要矛盾变化带来的新特征新要求,深刻认识错综复杂的国际环境带来的新矛盾新挑战,深刻认识全面深化改革的阶段性新特点新任务,紧扣贯彻新发展理念、推进高质量发展、构建新发展格局,紧盯解决突出问题,提高改革的战略性、前瞻性、针对性,使改革更好对接发展所需、基层所盼、民心所向，推动改革和发展深度融合、高效联动。

2020年12月3日，广东省委全面深化改革委员会召开会议。李希书记在会上指出，要认真学习落实习近平总书记讲话精神，强化改革系统集成，把工作重点放在整体推进落实、放大改革综合效应上，以落实"十四五"时期重大发展战略任务为牵引，协同推进改革任务落实；走在全国前列的自觉和担当，多策划战略战役性改革，多推动创造型、引领型改革，不断开创全面深化改革新局面。

以粤港澳大湾区为代表的发展规划，就是广东在全面深化改革方面落实习近平总书记重要讲话精神的战略实践。

### 1. 大战略需要"深调研"

建设粤港澳大湾区是习近平总书记亲自谋划、亲自部署、亲自推动的重大国家战略。总面积5.6万平方千米、总人口约7000万人的粤港澳大湾区，作为全国开放程度最高、经济活力最强的区域之一，正在向着国际一流湾区和世界级城市群稳步迈进。

2017年7月，在习近平总书记见证下，国家发展改革委员会与粤港澳三地政府共同签署《深化粤港澳合作 推进大湾区建设框架协议》。2018年3月，习近平总书记在参加十三届全国人大一次会议广东代表团审议时强调，要抓住建设粤港澳大湾区重大机遇，携手港澳加快推进相关工作，打造国际一流湾区和世界级城市群。2018年10月，习近平总书记视察广东时，亲临现场宣布港珠澳大桥正式开通，希望港珠澳大桥为推动粤港澳大湾区建设发挥重要作用，明确要求把粤港澳大湾区建设作为广东改革开放的大机遇、大文章，抓紧抓实办好。广东省委、省政府站在新时代新起点，不折不扣落实党中央决策部署，按照打造国际一流湾区和世界级城市群的战略部署，举全省之力推进粤港澳大湾区建设。在广东省委十二届二次全会部署开展的"大学习、深调研、真落实"工作中，"推动粤港澳大湾区建设"成为九大课题之一。2018年11月，省委部署深化"大学习、深调研、真落实"调研工作，"担当好粤港澳大湾区建设的重要职责"又被列为19个专题调研之首。2019年7月，广东正式发布《关于贯彻落实〈粤港澳大湾区发展规划纲要〉的实施意见》以及《广东省推进粤港澳大湾区建设三年行动计划（2018—2020年）》，百项任务、方向明确，布局缜密，全面推进。2021年9月中共中央、国务院印发了《全面深化前海深港现代服务业合作区改革开放方案》《横琴粤澳深度合作区建设总体方案》，支持三地融合发展，加速推进粤港澳大湾区建设进入新阶段。

2018年以来，广东先后召开七次推进粤港澳大湾区建设领导小组全体会议，深入学习贯彻习近平总书记关于粤港澳大湾区建设的重要论述和对广东系列重要讲话、重要指示批示精神以及粤港澳大湾区建设领导小组会议精神，全面贯彻落实党的十九届六中全会和中央经济工作会议精神，确保大湾区建设有序有效推进，取得新进展。基础设施互联互通、构建现代产业体系、港澳青年创新创业基地建设等6个转向小组相继成立，并提出"三步走"目标：到2020年，大湾区建设打下坚实基础，在规则相互衔接和资源要素便捷有序流动等方面取得重大突破；到2022年，基本形成活力充沛、创新能力突出、产业结构优化、要素流动顺畅、生态环境优美的国际一流湾区和世界级城市群框架；到2035年，全面建成宜居宜业宜游的国际一流湾区，粤港澳大湾区蕴藏着巨大的发展活力和潜力。

## 2. 破解区域发展不平衡

广东区域发展不均衡的问题突出，既有中国经济体量最大的城市群——珠三角，也有人均GDP不到全国平均水平的粤东西北地区，"富甲天下"与贫穷落后并存。广东要继续成为引领全国社会经济发展的领头羊，只靠珠三角是不够的，必须重塑新的发展格局，让各个区域在未来的高质量发展中齐头并进。

从创新投入和创新要素来看，珠三角研发投入占广东全省研发投入的95%，粤东西北仅占5%；粤东西北高校数量仅占广东全省高校数量的16.6%，国家高新技术企业数量占比不足10%，规模以上工业企业研发机构覆盖率仅有11%。破解区域发展不平衡不充分的历史性难题，促进粤东西北产业振兴发展，是广东"深调研"的重要课题之一。珠三角和粤东西北地区发展差距大，各城市间发展分化，根本原因在于区域发展体制及政策体系未能完全与协调发展的目标任务相适应，单靠传统向欠发达地区给予资金和项目支持，无法形成粤东西北地区的内生发展动力。伴随区域协调发展战略深入实施，新型城镇化战略和乡村振兴战略协同推进，"一核一带一区"区域发展格局渐次成形，城乡区域基础设施互联互通和基本公共服务均等化水平不断提升。珠三角地区核心引领作用进一步增强，深圳建设中国特色社会主义先行示范区、广州实现老城市新活力和"四个出新出彩"全面推进，广州、深圳"双城"联动态势初步形成，佛山进入经济总量万亿元城市行列，东莞经济总量接近万亿元，深汕特别合作区打造"飞地经济"区域协调发展创新范例。沿海经济带产业支撑强化，660多个投资超10亿元的产业项目密集落地，沿海重化产业带和海上风电等清洁能源产业集群逐步形成。珠三角地区联系东西两翼地区快速运输通道基本形成，一批高等院校和高水平医院在粤东西北地区布局建设。北部生态发展区绿色发展优势凸显，以生态农业、绿色工业、生态旅游为主体的生态产业体系初步构建，梅州、韶关获批国家生态文明示范区。

广东对如何以区域生态补偿、财政转移支付等相关机制的改革创新进行了全新探路，按照合理、精准、定量的原则，加快建立横向上下游生态补偿机制，把奖惩机制纳入区域生态补偿制度创新，探索生态保护的长效机制。2022年1月国家发改委发布关于印发《"十四五"重点流域水环境综合治理规划》的通知，专门提出加强粤港澳大湾区（广东省9市）环境保护和治理，提升区域生态环境质量。以东江、西江、北江、韩江为重点，加强饮用水水源地保护。加强东江干流及重要支流、湖库滨岸带整治，科学划定生态减污缓冲带。推进珠江—西江"黄金水道"污染防治，协同整治跨界河流及重污染水体。加快流域产业结构调整，全面推进污水处理设施建设，加大氮磷超标河段、重要湖库、重要饮用水水源地等区域农业面源污染防治。广东省也积极推动水治理能力现代化，加强依法治水关税，持续推进河湖长制，加强水利工程管理和强化安全风险防控，加强流域统筹管理和夯实水利人才与科技支撑。

河源万绿湖水质清澈纯净全国闻名。这背后是一场持续多年的生态保护攻坚战。2015年至2018年期间，河源在生态保护、污染治理、水利建设及林业生态保护等方面投入高达72.21亿元。为保障东江水质，当地做过测算，"十三五"期间仅市县河流（水）环境综合整治项目就须投入12.76亿元。而2017年河源市一般预算收入71.19亿元，一般预算支出高达282.16亿元。据介绍，河源把

清澈纯净的万绿湖水

水质保护放在优先位置,近年来在招商引资过程中先后拒绝 500 多个总投资额 1000 多亿元的重污染工业项目,但是与此同时,水质改善和保持的压力却不断增大,资金投入需求量不断加大。

——摘自南方网 2018 年 6 月 4 日

## 3. 谋划发展重点加快建设创新强省

习近平总书记强调:"我国正处于政治最稳定、经济最繁荣、创新最活跃的时期,党的坚强领导和我国社会主义制度的政治优势,基础研究和应用基础研究实现重大突破,面向国家重大需求的战略高技术研究取得重要成果,应用研究引领产业向中高端迈进,为我们加快建设世界重要人才中心和创新高地创造了有利条件。"[①] 习近平总书记对广东的重要讲话和重要指示批示,赋予广东在加

---

① 习近平:《深入实施新时代人才强国战略 加快建设世界重要人才中心和创新高地》,《求是》2021 年第 24 期。

快建设创新型国家中的光荣使命，指出广东推动高质量发展、建设现代化经济体系的根本之策，为广东实施创新驱动发展战略、建设科技创新强省提供了根本遵循、指明了前进方向。加快从创新大省向创新强省转变，必须认真贯彻落实习近平总书记对广东重要讲话和重要指示批示精神，坚持创新在现代化建设全局中的核心地位，以粤港澳大湾区国际科技创新中心建设为引领，坚持科技创新和制度创新双轮驱动、锻长板与补短板齐头并进，促进创新链条有机融合和全面贯通，增强创新体系整体效能，建设具有全球影响力的科技和产业创新高地。

《关于贯彻落实〈粤港澳大湾区发展规划纲要〉的实施意见》明确提出要"加强创新基础能力建设"，携手港澳加快推进重大科技基础社会、重要科研机构和重大创新平台建设，在重要科技领域、新兴前沿交叉领域提升原始创新能力，"打造重大原始创新的重要策源地"。广东在推进粤港澳大湾区国际科技创新中心建设上不遗余力，比如，加快建设大湾区综合型国家科学中心，集中区域优势，面对国家战略所需寻求突破。广东将建设深港科技创新合作区深圳园区、横琴粤澳深度合作区、广州创新合作区等三大创新合作区。战略性新兴产业强势崛起，正在重塑大湾区产业格局，广深港澳科创走廊的连接作用也越来越凸显。在这条走廊上，人才、技术、资本等创新要素流动充足，成为壮大战略性新兴产业的加速器。广深珠澳科创走廊以沿线科技城、高新区、高技术产业基地等创新载体建设为抓手，打造创新要素流通畅通、科技设施联通、创新链条融通的跨境合作平台。

在深圳福田粤港澳青年创新创业工场来自湾区不同城市的创业团队汇聚于此。创业工场位于深圳和香港的交界处，从玻璃窗望去，便是一河之隔的香港。每天清晨，不少香港青年从福田口

位于深圳福田的粤港澳青年创新创业工场

岸过关,开始一天的大湾区通勤。

粤港澳青年创新创业工场有三大优势:一是交通便利,距离福田、皇岗口岸近,距离福田口岸2.4千米,距离皇岗口岸3.1千米;二是与香港高校人才技术合作最广泛,入驻企业团队人员涵盖香港多所高校的毕业生和教授;三是服务体系最全面,整合各方资源,为每个团队量身打造优质的全链条服务,包括创业辅导、政策解读、人才对接、贷款融资、宣传推介、市场拓展、人才住房、城市融入以及交际交友等服务。2021年,粤港澳青年创新创业工场已培育23家团队,其中港澳背景团队21家,占比达91%,包括人工智能、物联网、医疗科技、新材料等领域,团队人员从初期的69人发展至358人,其中港澳籍团队人员54人,产生知识产权203项,其中稀土陶瓷、稀土镁合金等技术为国家成功解决"卡脖子"问题,5个团队产值从零迈入千万元级,企业获得融资共2.775亿元人民币,工场获得国家众创空间认定,创造了福田速度,为香港青年来深创业提供先行示范样板。

## 五 推动"真落实"的工作新局面

习近平总书记指出:"崇尚实干、狠抓落实是我反复强调的。如果不沉下心来抓落实,再好的目标、再好的蓝图,也只是镜中花、水中月。"①"大学习、深调研",最终是为了"真落实"。党的十九大以来,习近平总书记分别于2018年10月和2020年10月两次亲临广东视察,深入广州、深圳、珠海、汕头、清远、潮州,足迹遍布珠三角、沿海经济带、北部生态发展区。针对习近平总书记对广东发展的殷殷寄望,广东省委坚持边学习、边调研、边落实,把系统学习、深入调研、真抓实干有机结合起来,研究出台具体举措,部署重点工作,进一步明确各部门具体工作任务,细化措施抓好落实,扎扎实实办好自己的事,以新担当新作为开创广东工作新局面。

### (一)在抢抓新机遇上有新担当新作为

习近平总书记指出,广东是"向世界展示我国改革开放成就

---

① 《习近平对全国党委秘书长会议作出重要批示》,《秘书工作》2014年第11期。

的重要窗口""国际社会观察我国改革开放的重要窗口","开创广东工作新局面,最根本的还要靠改革开放"。① 新时代全面深化改革开放,必须在抢抓新机遇上有新担当新作为。广东是我国发展前沿、经济重镇,绝不容许怠慢机遇、错过机遇。

### 1. 谋划全面深化改革新方向

广东省委着眼新时代新担当新作为,举全省之力传承改革开放总设计师邓小平同志倡导的"杀出一条血路"的气魄与胆略,以习仲勋老书记为代表的广东改革开放开拓者们"敢为天下先"的勇气担当、革命精神,系统总结宝贵经验,以更大的勇气和智慧、更有力的措施和办法,掀起了新一轮改革开放大潮,持续向全面深化改革开放要动力要空间,要效益要质量;深刻认识全省存在的优势和短板,把底板加固、短板补齐,让强者更强、优者更优;接续推进改革开放新的生动实践,深刻把握改革规律,遵循改革的大逻辑,把握改革的大趋势,在遵循中央顶层设计下鼓励和支持基层改革探索,坚持问题导向,以问题倒逼改革,更加注重改革的系统性、整体性、协同性,强化系统思维,打好"组合拳",使各项改革举措前后呼应、相向发力,显现整体效应。

党的十九大以来,广东省委坚决按照习近平总书记指引的方向,进一步增强改革的使命感、责任感、紧迫感,坚持用全面、辩证、长远的眼光看待发展形势,认真研究谋划广东当前和今后一个时期的改革工作,从危机挑战中抢抓机遇,在改革突破中推动高质量发展,在更高起点、更高层次、更高目标上推进改革开

---

① 《开创广东工作新局面最根本的要靠改革开放》,《南方日报》2018年6月10日。

放。一是深入把握习近平总书记视察广东重要讲话关于新时代改革开放的重要论述精神，找准工作突破口和着力点，更加注重改革系统性、整体性、协同性，研究推出一批新的重大改革举措，切实把总书记重要指示要求落实到广东改革创新的实践上，体现在改革创新的成果上。二是设置省委全面深化改革委员会，进一步加强党委对全省改革工作的领导，完善提升改革运行机制，不断提高谋划和推进新时代改革开放的能力水平。省委全面深化改革委员会通过建立健全工作制度规范，强化战略谋划、总体设计、统筹协调、整体推进、督促落实的职能作用。各专项小组也切实发挥作用，牵头抓好本领域重点改革任务，确保改革决策部署落细落小落实。三是全力以赴狠抓落实，奋勇争先，扎扎实实推动重大改革部署落地见效。坚持问题导向，把改革重点放到解决实际问题上来，切实落实各级"一把手"责任，加强改革统筹谋划，进一步完善改革推进和落实机制，加强改革典型经验复制推广，鼓励基层积极探索，加快构建改革正向激励机制，推动改革任务逐项落实，狠抓跟踪问效，全力完成各项改革任务。[①]

### 2. 改革取得新突破

通过聚焦重点任务、强化改革攻坚，全省改革不断向纵深推进。在加快构建推动经济高质量发展体制机制方面，深化供给侧结构性改革，深化科技体制改革，完善要素市场化配置体制机制，深入实施制造业高质量发展"六大工程"，努力实现更高质量、更有效率、更加公平、更可持续、更为安全的发展。在完善区域

---

[①] 《广东省委全面深化改革委员会第一次会议召开 李希主持会议并讲话》，《南方日报》2018年11月24日。

协调发展体制机制方面,通过健全财政转移支付、对口帮扶和扶贫协作、区域协调发展、生态环境保护等制度机制,高质量加快建设"一核一带一区"区域发展格局。在建设更高水平开放型经济新体制方面,通过深化粤港澳合作,发挥自贸试验区试验田作用,打造国际合作和竞争新优势,为深化改革开放提供了广阔空间。

2018年11月23日,广东省委全面深化改革委员会第一次会议召开。会议强调,要坚决按照习近平总书记指引的方向,认真研究谋划广东当前和今后一个时期的改革工作,在更高起点、更高层次、更高目标上推进改革开放。

一要深入把握习近平总书记视察广东重要讲话关于新时代改革开放的重要论述精神,深化"大学习、深调研、真落实"工作,找准工作突破口和着力点,更加注重改革系统性、整体性、协同性,研究推出一批新的重大改革举措,切实把总书记重要指示要求落实到广东改革创新的实践上、体现在改革创新的成果上。

二要深刻认识设置省委全面深化改革委员会的重要意义,进一步加强党委对全省改革工作的领导、完善提升改革运行机制,不断提高谋划和推进新时代改革开放的能力水平。

三要全力以赴狠抓落实,扎扎实实推动重大改革部署落地见效。

——摘自《南方》杂志2018年11月24日

2019年,党中央、国务院出台了《粤港澳大湾区发展规划纲要》,这是继20世纪90年代兴办经济特区之后广东面临的又一重大历史机遇。全省持续深化"大学习、深调研、真落实",深入学习习近平总书记亲自谋划、亲自部署、亲自推动的重大国家战略，系统调研"一个国家、两种制度、三个关税区、三种货币"之下的湾区实际情况，认真研究、精准出台改革方案举措，确保总书记、党中央部署的重大改革任务落地见效，奋力推进粤港澳大湾区国家重大战略全面实施。"真落实"一是体现在深入学习贯彻习近平总书记关于粤港澳大湾区建设的重要指示精神，坚定贯彻"一国两制"方针，强化责任担当，扎实推进粤港澳大湾区建设，全力支持港澳融入国家发展大局；二是体现在抓住重点、精细施工，加快广深港澳科技创新走廊建设，加快粤港澳重大合作平台建设，落实好中央惠港惠澳政策，推动大湾区建设行稳致远；三是体现在加强组织领导，省市领导小组发挥统筹协调作用，省直有关部门切实做好各项政策宣传解读和落地落实，各市党政主要负责同志切实担负起第一责任人职责，共同努力推动大湾区建设各项任务落地落实。近年来，粤港澳大湾区基础设施互联互通水平显著提升，港珠澳大桥、广深港高铁等标志性工程建成通车，新横琴口岸、莲塘/香园围口岸正式开通。国际科技创新中心建设进展顺利，广深港澳科技创新走廊加快形成，光明科学城、松山湖科学城综合性国家科学中心先行启动区建设稳步推进。通过大力推动规则衔接、机制对接，实施境外高端紧缺人才个人所得税优惠、科研资金跨境使用、与港澳共建青年创新创业基地等政策措施，"湾区通"工程取得明显成效。广州南沙、深圳前海、珠海横琴等重大合作平台加快建设，新注册港资企业1.3万家、澳资企业3280家。深交所创业板注册制、广州期货交易所等重大改革落地实施。全省通过一系列"真落实"，促使大湾区不断加强设施"硬联通"和机制"软联通"，不断探索区域协调发展新机制新路径，不断向制度创新和改革开放新高地迈进。

### 3. 推动"两个合作区"新飞跃

2021年,《横琴粤澳深度合作区建设总体方案》和《全面深化前海深港现代服务业合作区改革开放方案》发布,这是习近平总书记和党中央为横琴、前海的新发展擘画的美好蓝图,赋予广东新的重大平台、重大机遇、重大使命,为广东在新征程中走在全国前列、创造新的辉煌注入新的强大动力。全省第一时间深入学习贯彻习近平总书记关于粤澳合作开发横琴的重要指示和关于前海开发开放的重要论述精神,就推进两个合作区建设进行了全面动员部署。

针对横琴粤澳深度合作区,省委紧紧抓住合作区建设这一重大历史机遇,紧紧围绕促进澳门经济适度多元发展的主线,要求合作区有关方面和珠海市准确把握政策要求,聚焦产业主攻方向加强精准招商引资,加强与澳门相关产业的互利合作,合力开拓海内外市场;健全完善粤澳共商共建、共管、共享新体制,全力抓好重大政策、重大平台、重点项目落地落实,深入推进规则衔接机制对接,促进琴澳一体化,持续释放合作区政策利好、改革利好、产业利好和民生利好,努力推动横琴合作区建设取得更大成效。

针对前海深港现代服务业合作区,省委坚持依托香港、服务内地、面向世界,全面深化改革开放。一是着力释放"扩区"强大规模效应、乘数效应。聚焦强化产业优势、资源集聚、城市功能,全面提升合作能级,增强引擎功能,更好支持香港发展、融入国家发展大局。二是着力打造全面深化改革创新试验平台。坚持在"一国两制"框架下先行先试,推进与港澳规则衔接、机制对接,加快建立联通港澳、接轨国际的现代服务业发展体制机制，推进科技发展体制机制改革创新，打造市场化、法治化、国际化营商环境。三是着力建设高水平对外开放门户枢纽。强化开放资源融合、开放优势互补、开放举措联动，推动制度型开放取得新突破，推动内外循环链接功能实现新提升，推动携手参与国际合作开创新局面。四是着力探索新型管理体制。结合深圳先行示范区建设和综合改革试点，积极探索经济区与行政区适度分离的管理体制机制。

截至2021年底，广东省以粤港澳大湾区建设为"纲"，强化与港澳规则衔接、机制对接，深入实施"湾区通"工程，广州期货交易所、"跨境理财通"业务试点、首批湾区标准目录、首次大湾区律师执业考试等重大改革落地见效。加快基础设施互联互通，粤澳新通道（青茂口岸）开通启用，"轨道上的大湾区"加快形成。全力推动深圳先行示范区建设，出台22项省级支持措施，深圳综合改革试点首批40项授权事项大部分落地并在全国推广，广深"双城"联动首批27项重点合作项目和七大领域专项合作扎实推进。全面落实横琴、前海两个合作区建设方案，出台实施省级若干支持措施，组建运行横琴合作区管委会、执委会，省委、省政府派出机构，优化前海合作区管理体制。推进"证照分离""一照通行"改革，实现省内企业迁移"一地办"、企业开办和工程建设项目审批"一网通办"、不动产登记"全省通办"，广州市、深圳市入选国家首批营商环境创新试点城市。实施新一轮预算管理制度改革，率先开展全省全域无隐性债务试点、如期实现存量隐性债务"清零"目标。加快数字政府改革，全面完成省市政务云、政务网和地市政务大数据中心建设，粤系列平台服务功能进一步拓展，"跨省通办"、省域治理"一网统管"取得标志性成果，成功举办首届数字政府建设峰会，省级政府一体化政务服务能力连续3年居全国第一。① 扎实推进粤港澳大湾区和深圳先行示范区建设，全力推动横琴、前海两个合作区建设稳健起步，从而牵引带动全省以更大的魄力在更高的起点上推进改革开放，离不开省委抢抓新机遇的决心以及狠抓落实决不放松的勇气。未来，广东省还将以"咬定青山不放松"的精神，继续狠抓落实，在抢抓新机遇、全面深化改革开放方面铸就更大的辉煌。

## （二）在推动"四个转变"上有新担当新作为

习近平总书记指出，广东是改革开放的排头兵、先行地、实验区，在我国改革开放和社会主义现代化建设大局中具有十分重要的地位和作用。广东的同志们要进一步解放思想、改革创新，真抓实干、奋发进取，以新的更大作为开创广东工作新局面，在构建推动经济高质量发展体制机制、建设现代化经济体系、形成全面开放新格局、营造共建共治共享社会治理格局上走在全国前列。②

### 1. 建立经济高质量发展体制机制

"四个走在全国前列"坚持问题导向，事关高质量发展，重在体制机制、格局体系的整体建设，立足当下发展实际，着眼未

---

① 《数读2022广东省政府工作报告》，广东省人民政府网站2022年1月20日。

② 《习近平参加广东代表团审议》，央视网2018年3月7日。

来战略全局，瞄准世界级竞争力。这就要求全省学习、掌握、运用好习近平总书记的思想方法，抓住关键重点，统筹全面，集中用力，转变旧有思维，对广东的方位、担当、任务、问题、风险作出客观和精准的判断，瞄准改革开放发展中的重大问题，全面调研了解全省省情、各市市情，从工作思路拓展、工作布局优化、工作资源盘活、工作方法创新、工作责任压实等方面落小落细落实，扎扎实实把"四个走在全国前列"各项工作落到实处，带动全局工作的整体推进。

"举网以纲，千目皆张。"广东全面深化改革开放，做好改革开放的排头兵、先行地、实验区，重点是在推动"四个转变"上有新担当新作为。改革开放走过40余年，广东省已经走到了从点上突破转向系统创新创造的关键节点。习近平总书记对广东提出"四个走在全国前列"的要求，就是赋予广东新的使命、新的担当。这要求广东在发展方式方面，从过去的粗放发展、追求速度，转向质量变革、效率变革、动力变革，率先建立高质量发展体制机制；在经济结构方面，从过去的低端产业、缺核少芯，转向实体经济、科技创新、现代金融、人力资源协同发展，率先建立现代化经济体系；在扩大开放方面，从过去的加工装配、规模扩张、低端国际分工，转向推动陆海内外联动、东西双向互济，率先形成全面开放新格局；在社会治理方面，从过去的大包大揽、自上而下、单向管治，转向多元共治、协同治理、良性互动，率先营造共建共治共享社会治理格局。党的十九大以来，广东省委一直努力在推动"四个转变"上有新担当新作为，以"四个转变"拉动全省改革发展大局，落实为新的工作局面。

在构建推动经济高质量发展体制机制方面，一是努力打造高效的营商环境，使市场在资源配置中起决定性作用，更好发挥政府作用，建设最有利于"四个走在全国前列"的市场环境。机遇选择环境，环境也会带来机遇。谁在改善环境上看得远、谋得深、抓得实，谁就能抢先创造良好的发展环境，掌握发展的主动权。以广州市为例，近年来，广州市紧紧围绕"放管服"改革主线，着力降低投资创业的制度性成本，加大涉企行政审批制度改革力度，推动商事制度改革。进一步打造市场化、法治化、国际化的营商环境，积极创新政务服务方式，实现标准化、精细化管理服务，不断提升投资贸易便利化水平。让广州这座千年商都依托良好的营商环境和高效的办事效率，吸引了全球投资者的目光。

二是努力推动产业结构转型升级。近年来，广州市大力发展高端高质高新产业，重点发展IAB、NEM产业，并与周边城市协同推进广深科技创新走廊建设，努力形成一批领跑并跑的原始创新成果，加快建设国际科技产业创新中心；大力推进国际航运、航空枢纽建设，完善大交通网络体系，提升枢纽型网络城市能级；抓住粤港澳大湾区建设机遇，与湾区其他核心城市形成错位发展格局，实现资源因素最优配置。

三是提高绿色发展水平。近年来，广州市坚持把生态文明建设放在突出位置，不遗余力改善城市生态环境。以越秀区东濠涌为例，经过多年大力整治，从几年前一条闻名的"臭水沟"，变成如今终日碧波、四季繁花的城市公园。推动经济高质量发展，广州市更加重视生态文明建设和环境保护，坚持绿色发展、生态优先，以最严格的制度保护环境，确保广州市在保持经济中高速增长的同时，也让"广州蓝"成为常态，让人民群众有更多获得感、幸福感、安全感。

广州市越秀区东濠涌改造图

## 2. 建设现代化经济体系

在建设现代化经济体系方面,全省面对转变发展方式、优化经济结构、转换增长动力的紧要关口,一是更加重视发展实体经济,持续推动资源要素向实体经济集聚,推动政策措施向实体经济倾斜。例如,针对实体经济融资难、融资贵等发展痛点,着力解决深层次矛盾和问题;推动数字经济和实体经济融合发展,推动制造大省向制造强省转变、"广东制造"向"广东创造"转变、"广东速度"向"广东质量"转变,打造世界级先进制造业集群。二是持续加快新旧动能转换。新旧动能转换需要深度调整、沉潜修炼的过程。比如淘汰落后产能往往伴随着阵痛,牵涉各方利益,决不能遇难题就躲,更不能做表面文章,而是要以壮士断腕、敢于碰硬的决心破除无效供给,推进"散乱污"企业关停并转,为新兴产业发展腾出空间,从而真正把动能转换工作推向深入、落到实处。三是落实发挥好科技创新的战略支撑作用。创新是第一动力,全省力求在自主创新、原始创新上不断取得新突破,对标最高最好最优标准,深化科技体制改革,出台更具优势的人才政策;既加强对中小企业创新的支持,也着力培育世界一流的高新技术企业,形成科技型中小企业铺天盖地、科技领军企业顶天立地的局面。

### 3. 形成全面开放新格局

作为改革开放的排头兵、先行地和实验区,广东省过去的发展得益于开放,现在的高质量发展依旧要以更宽视野、更高要求、更有力举措推动全面开放。一是加快培育贸易新业态、新模式,加大营商环境改革力度,持续打造市场化、法治化、国际化的营商环境。聚焦外贸质量和附加值的提升,培育壮大跨境电商、服务贸易等新业态和新模式。二是积极参与"一带一路"建设,注重强化广州、深圳等"一带一路"重要枢纽城市功能,以基础设施互联互通和产业合作为重点,推动引智、引技、引资向更高阶段发展;创新对外投资方式,完善境外投资"一站式"综合服务平台,形成面向全球的贸易、生产、服务和投融资网络。三是紧紧抓住建设粤港澳大湾区的重大机遇,切实发挥核心城市的增长极作用,系统性解决区域发展不协调问题,积极探索实现共同富裕的有效路径和模式,携手港澳加快推进基础设施一体化对接,以全面开放的勇气和魄力,促进粤港澳三地合作共赢,助力粤港澳大湾区跻身国际一流湾区和世界级城市群。

### 4. 营造共建、共治、共享的社会治理格局

在营造共建、共治、共享的社会治理格局方面,一是推动社

会治理重心向基层下移,深化改革、理顺机制、拓宽渠道,将更多的人力、物力、财力配置到基层,使基层更好地为群众提供精准有效的服务和管理。同时,积极拓展来粤人口参与社会治理途径和方式。以广州市为例,据最新数据显示,全市登记在册的来穗人员达900多万人。面对超大城市大量流动人口服务管理的难题,广州一直在不断改革创新,努力拓展为广大来穗人员提供优质公共服务的途径。2021年,广州市政府常务会议审议通过《广州市来穗人员积分制服务管理规定(试行)》及实施细则。未来,广州还将继续拓展来穗人员参与治理的途径,不断扩大来穗人员子女教育、医疗等基本公共服务覆盖面,让来穗人员更好融入广州。二是推动建设更高水平的法治社会,深入推动"平安广东""法治广东"建设,创新社会治理,为"四个走在全国前列"提供安全稳定法治的社会环境。各市不断深化依法治市实践,加强地方立法,及时将社会治理中的成熟经验和做法上升为制度规范;持续推进依法行政,细化权力清单制度;扎实推进司法体制综合配套改革,让人民群众在每一个司法案件中感受到公平正义;加强社会治理制度建设,提高社会治理社会化、法治化、智能化、专业化水平。三是注重城市建设,切实提升人民群众生活的幸福感。近年来,广州、潮州等千年古城坚持用"绣花功夫"推动城市管理升级,大力营造干净整洁平安有序的城市环境,城市面貌发生巨大改变,形成了有效的社会治理、良好的社会秩序,切实体现了古城是人民的古城、古城的一切发展成果由人民共享,让人民群众安居乐业。

## （三）在事关全局重大课题上有新担当新作为

习近平总书记指出："抓落实，从各级党委、政府和领导干部工作方面讲，就是抓党和国家各项方针政策、工作部署和措施要求的落实。落实到哪里去？就是落实到实践中去，落实到基层中去，落实到群众中去，使之成为广大党员、干部、群众的自觉行动，以确保党和国家确定的目标任务顺利实现。"① 不谋全局者，不足以谋一域。抓党和国家各项方针政策、工作部署和措施要求的落实，确保党和国家确定的目标任务顺利实现，离不开对于事关全局重大课题的系统把握与真抓实干。

### 1. 科学布局调研课题

党的十九大以来，广东省委把习近平总书记重要讲话精神，与习近平新时代中国特色社会主义思想和党的十九大精神，与习近平总书记对广东一系列重要指示要求一体学习领会、整体贯彻落实，强化全局意识，力争把中央赋予广东的使命任务完成得更优更好。由省委常委会牵头，对全面加强党的建设、推动粤港澳大湾区建设、解决发展不平衡不充分问题、推进全面深化改革、建设科技创新强省、构建开放型经济新体制、建设平安广东法治广东、推进生态文明建设、推进文化强省建设等事关全局的重大课题进行深入调研，边学习边调研边推动落实，抓住关键重点，集中用力，务实奋斗，切实把习近平总书记重要讲话精神贯彻到

---

① 习近平：《关键在于落实》，《求是》2011 年第 6 期。

广东工作的全过程各方面。

一是以深入实施创新驱动发展战略为重点,加快建设科技创新强省。实施核心技术攻关,构建高水平的科技创新体系,加快推进以广深科技创新走廊为重点的珠三角国家自主创新示范区建设,打造国际人才新高地,强筋壮骨、强核补芯,推动广东从创新大省向创新强省转变。

二是以提高发展质量和效益为重点,加快构建推动经济高质量发展的体制机制。实行以落实新发展理念为导向的考核制度,深化供给侧结构性改革,建立高要求的质量标准体系和严格的市场监管体系。

三是以构建现代产业体系为重点,加快建设现代化经济体系。瞄准高端高新产业打造产业新支柱,高起点建设世界先进制造业集群,以绿色低碳引领推动产业结构优化调整,推动产业向全球价值链高端攀升。

四是以粤港澳大湾区建设为重点,加快形成全面开放新格局。深化粤港澳协同发展、互利共赢,打造国际一流湾区和世界级城市群,深度参与"一带一路"建设,率先形成陆海内外联动、东西双向互济的开放格局,加快构建开放型经济新体制。

## 中共广东省委十二届四次全会闭幕 李希作总结讲话

2018年6月9日,中共广东省委十二届四次全会在广州闭幕。省委书记李希主持第二次全体会议并作总结讲话。

李希在总结讲话中指出,要以习近平新时代中国特色社会主义思想统领广东一切工作,聚精会神干实事、心无旁骛抓落实,奋力实现"四个走在全国前列"、当好"两个重要窗口"。一要抓学习。更加深入、更加经常、更加自觉学习贯彻习近平新时代中国特色社会主义思想，把自己摆进去、把职责摆进去、把工作摆进去，全面准确把握和运用贯穿其中的马克思主义立场观点方法，逐个研究解决实际问题。二要勇担当。要敢闯敢试、勇于创新，以逢山开路、遇水架桥的勇气，努力破解影响和制约广东高质量发展的体制机制问题。要知难而进、迎难而上，以打歼灭战的决心打好一场场攻坚战，在攻坚克难中不断开创工作新局面。要敢抓敢管、敢于斗争，在重大原则问题和大是大非面前立场坚定、旗帜鲜明，对错误思想言论、各种歪风邪气要横刀立马、敢于亮剑。三要勤作为。弘扬求真务实、真抓实干的作风，牢固树立正确政绩观，保持"功成不必在我"的精神境界和"功成必定有我"的历史担当，提高抓落实的能力，既善于谋大事抓大事，更要从落小落细落实上下功夫。四要重实效。提振真抓实干的精气神，建立健全鼓励重实效、干实事的制度机制，用好督查这个监督落实的利器，在全省上下推动形成狠抓落实的浓厚氛围。

——摘自《南方》杂志 2018 年 6 月 10 日

五是以大力实施乡村振兴战略为重点，加快改变广东农村落后面貌。聚焦振兴产业、人才、文化、生态和组织集中用力，坚持以城带乡、城乡一体化发展，把雷厉风行与久久为功结合起来，让广大农民群众在乡村振兴中不断收获看得见、摸得着的实惠。

六是以构建"一核一带一区"区域发展格局为重点，加快推动区域协调发展。改变传统思维，转变固有思路，突破行政区划局限，全面实施以功能区为引领的区域发展新战略，形成由珠三角核心区、沿海经济带、北部生态发展区构成的发展新格局，立足各区域功能定位，差异化布局交通基础设施、产业园区和产业项目，因地制宜发展各具特色的城市，推进基本公共服务均等化，有力推动区域协调发展。

七是以深入推进精神文明建设为重点,加快建设文化强省。坚定理想信念,深入学习宣传贯彻习近平新时代中国特色社会主义思想,大力培育和践行社会主义核心价值观,夯实全省人民团结奋斗的共同思想基础。大力发展现代文化产业,增强文化实力,为人民群众提供丰富的精神食粮,努力交出物质文明和精神文明两份好的答卷。

八是以把广东建设成为全国最安全稳定、最公平公正、法治环境最好地区之一为重点,加快营造共建共治共享社会治理格局。推动社会治理重心下移,以城乡社区为基本单元,加快形成人人参与、人人尽责的良好局面。把现代科技手段与传统群防群治有机结合起来,全力维护社会安全稳定,提升依法治理水平。

九是以打好三大攻坚战为重点,加快补齐全面建成小康社会、跨越高质量发展重大关口的短板。采取超常规举措,拿出过硬办法,打好防范化解重大风险、精准脱贫、污染防治三大攻坚战,把经济社会发展的底线守牢守好,使人民群众的获得感、幸福感、安全感更加充实、更有保障、更可持续。①

### 2. 调研课题取得显著成效

广东省委狠抓落实,在事关全局重大课题上的一系列"组合拳"收到了显著成效。以实施乡村振兴战略为例,党的十九大以来,广东省乡村振兴战略加速推进,农村面貌发生显著变化。全省落实五级书记抓乡村振兴,实施"头雁工程",加大投入力度,

---

① 《中共广东省委十二届四次全会召开 李希代表省委常委会作讲话》,《南方日报》2018年6月9日。

"3年取得重大进展"目标全面实现。大力开展"千村示范、万村整治",人居环境明显改善。加快补齐基础设施短板,村级公共服务中心、集中供水、无害化户厕、垃圾收运处理体系实现全覆盖,新建改建"四好农村路"6.3万千米,率先实现20户以上自然村全部通百兆光纤。加快发展富民兴村产业,形成一批岭南特色优势农产品基地,创建14个国家级、161个省级现代农业产业园。各类农业新型经营主体蓬勃发展,形成67家国家级农业龙头企业。加强涉农资金统筹整合,开展集体产权制度、供销社支农服务、剥离农垦办社会职能等改革,基本完成农村承包地、宅基地确权登记颁证,健全农村基层组织和村干部财政保障机制。广大农村呈现出良好发展态势。

以与人民群众息息相关的社会民生领域为例,近年来广东省人民生活水平和质量持续提升。"十三五"时期,广东坚持就业优先,实施"粤菜师傅""广东技工""南粤家政"三项工程,城镇新增就业700万人,占全国城镇新增就业人数的1/10,城镇登记失业率控制在3.5%以内。全面提升教育发展水平,建立完善全学段的生均拨款制度和学生资助政策,公办园和普惠性民办园在园幼儿比例提高到86%,457万随迁子女就近就地接受义务教育,职业院校在校生规模居全国首位,高等教育毛入学率从33%提高到52%。着力建高地、强基层,投入150亿元支持30家高水平医院、8家国家医学中心和区域医疗中心、3家国际医学中心建设,投入500亿元全面提升县镇村医疗卫生水平,医疗服务共同体实现县域全覆盖,中医药服务能力大幅提升,居民人均预期寿命达78.4岁。不断提升社会保障水平,企业退休人员基本养老金年均增长5.9%,城乡居民基础养老金最低标准提高80%,居民医保最高支付限额大幅提高,纳入报销范围的药品已超过

粤港澳大湾区"粤菜师傅"技能暨粤菜文化交流活动闭幕式

3000种。妇女儿童、养老助残、社会救助等工作取得新成效。加快建设文化强省、体育强省,全面补齐五级公共文化基础设施,文明城市创建取得新进展。加强国防教育、国防动员、双拥共建,建立五级退役军人服务体系。推进平安广东建设,扫黑除恶专项斗争成效明显,信访工作扎实推进,社会治安形势持续好转,生产安全事故总量大幅下降,防灾救灾能力不断提升,共建共治共享社会治理格局加快形成。

此外,广东省委坚持在重点领域改革攻坚克难,市场发展活力动力充分激发。大力开展"数字政府"改革,推进数据共享、流程再造、管理创新,推出"粤省事""粤商通""粤政易"系列品牌,高频服务事项基本实现"指尖办理",网上政务服务能力跃居全国首位。省级权责清单事项从5567项压减到1069项,率先开展"证照分离"改革全覆盖试点,工程建设项目审批、不动产登记和企业开办时间大幅压缩,五年净增各类市场主体600

万户，总量达1385万户。建立国土空间用途管制、耕地占补平衡、土地集约高效利用的精细化用地机制，成为国家首批委托用地审批权试点省份，处置闲置土地18万亩，垦造水田32万亩，拆旧复垦9万亩，完成"三旧"改造32万亩、违法建设治理5.5亿平方米。加大财政、社保、国企等改革力度，全面推行省市县预算编制执行监督管理改革，率先实现企业职工养老保险省级统筹，部分省属国有企业实现战略性重组、专业化整合。广东自贸试验区形成527项制度创新成果，实现国际贸易"单一窗口"全覆盖，跨境电商、市场采购贸易等新业态快速壮大。[①]

### 3. 打造担当作为好干部

习近平总书记指出：有了好的决策、好的蓝图，关键在落实；抓落实是党的政治路线、思想路线、群众路线的根本要求，也是衡量领导干部党性和政绩观的重要标志。[②]"大学习、深调研、真落实"之所以能够深化对省情的认识，进一步明确了发展的方位和形势，进一步查找了问题和原因，进一步明晰了着力点和突破口，取得了预期的阶段性成果，根本在于省委常委、省委全体委员切实发挥领导干部的示范引领作用，切实扛起沉甸甸的历史责任，带领广大干部群众，以闻鸡起舞、日夜兼程的勤奋，以咬定目标、苦干实干的坚毅，以雷厉风行、久久为功的干劲，全面抓好各项任务落实。党的十九大以来，广东省委扎实推进党的建设

---

① 《数看2021广东省政府工作报告》，广东省人民政府网站2021年1月24日。

② 《中共中央政治局召开民主生活会 习近平发表重要讲话》，新华网2017年12月26日。

新的伟大工程,打造有担当作为的干部队伍,为新时代广东改革发展提供坚强的政治保证和组织保证。

一是旗帜鲜明讲政治抓政治。始终把维护习近平总书记核心地位、维护以习近平同志为核心的党中央权威和集中统一领导作为最高政治原则和根本政治规矩,坚守政治忠诚,严肃政治生活,严明政治纪律,提高政治觉悟,涵养政治文化,营造良好的政治生态。二是牢牢掌握意识形态工作领导权、管理权、主动权。压实意识形态工作责任,加强意识形态阵地建设管理,筑牢意识形态安全"护城河""防火墙"。三是以正确用人导向激励广大干部担当作为。坚持政治标准第一,落实好干部标准,强化能者上、庸者下、劣者汰的用人导向。坚持严管和厚爱相统一,落实"三个区分开来",旗帜鲜明地为有担当作为的干部撑腰鼓劲,让广大干部轻装上阵。四是推动基层党组织建设全面进步、全面过硬。深入落实省加强党的基层组织建设三年行动计划,强化基层党组织的政治功能,精准整顿软弱涣散基层党组织,实施南粤党员先锋模范工程和基层基础保障工程,把基层党组织打造成坚强的战斗堡垒。五是坚定不移正风肃纪反腐。针对突出问题综合施策,加强对一把手的监督,深化运用监督执纪"四种形态",建立涉及"七个有之"问题线索先行处置机制,全面实施基层正风反腐三年行动方案,持续巩固反"四风"成效,把党风廉政建设和反腐败斗争不断引向深入。①

---

① 《中共广东省委十二届四次全会召开　李希代表省委常委会作讲话》,《南方日报》2018 年 6 月 9 日。

# 六　始终遵循科学的政绩观

"大学习、深调研、真落实"是要取得实效，而不是去做花样文章，只有遵循科学的政绩观，"大学习、深调研、真落实"才能落到实处，才能真正解决群众的"急难愁盼"问题。习近平总书记曾经指出："功成不必在我并不是消极、怠政、不作为，而是要牢固树立正确政绩观，既要做让老百姓看得见、摸得着、得实惠的实事，也要做为后人作铺垫、打基础、利长远的好事，既要做显功，也要做潜功，不计较个人功名，追求人民群众的好口碑、历史沉淀之后真正的评价。"[①] 广东省委以"大学习、深调研、真落实"促进大发展，始终遵循科学的政绩观，坚持党的群众路线，建设幸福广东，使改革开放取得的成就惠及百姓的日常生活。

## （一）坚持党的群众路线

习近平总书记深刻指出："离开了人民，我们就会一事无成。

---

① 《习近平李克强王沪宁赵乐际韩正分别参加全国人大会议一些代表团审议》，《人民日报》2018年3月9日。

要牢记群众是真正的英雄,任何时候都不能忘记为了谁、依靠谁、我是谁,真正同人民结合起来。"① 牢记习近平总书记谆谆教导,真正同人民结合起来,就要坚守马克思主义信仰,始终坚持党的群众路线,牢固树立正确的政绩观,把初心和使命深深烙在"心"里。

### 1. 做好民生实事

2018年10月,习近平总书记在广东考察时强调:"要坚持以人民为中心,把为人民谋幸福作为检验改革成效的标准,让改革开放成果更好惠及广大人民群众。"广东省委牢记习近平总书记对广东工作的指示批示精神,始终把为民初心贯彻于"大学习、深调研、真落实"的整个进程中。

近年来,广东省始终坚持党的群众路线,持续关注改善老百姓的生活条件,连年颁布并施行"十件民生实事",在坚持党的群众路线上取得了非常显著的成效。以家政从业人员为例,随着广东百姓生活水平的不断提高,对家政人员的需求不断增多。针对以上需求,2020年,广东省力求"广东技工"培训达100万人次以上,实现高技能人才占全省技能人才比例32%以上。培训"粤菜师傅"1万人次以上,助力精准扶贫。开展了"南粤家政"培训16万人次以上,重点实施居家、母婴、养老和医护四个培训项目,满足新形势下"一老一小"对家政服务的需求。

广东省持续提升社会保障水平,企业退休人员基本养老金年均增长5.9%,城乡居民基础养老金最低标准提高80%,居民医

---

① 《在常学常新中加强理论修养 在知行合一中主动担当作为》,《人民日报》2019年3月2日。

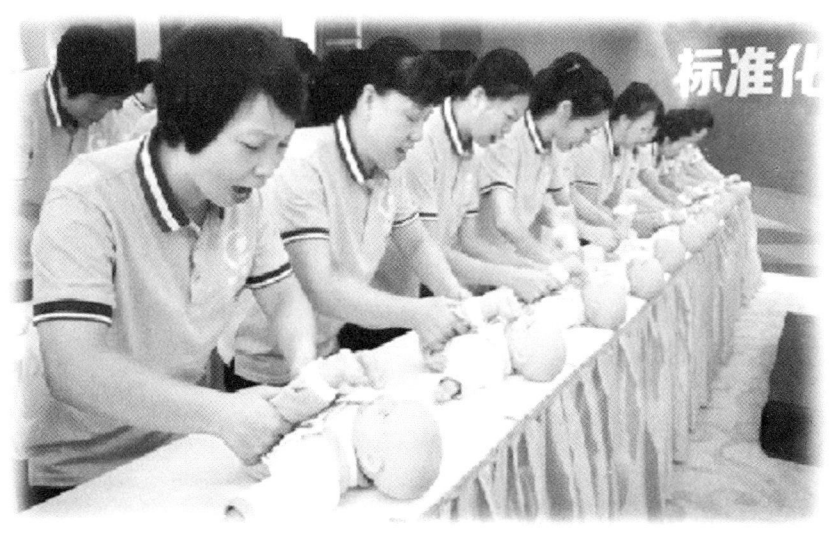

"南粤家政"母婴护理培训

保最高支付限额大幅提高,纳入报销范围的药品已超过 3000 种。在妇女儿童、养老助残、社会救助、文化强省、体育强省、国防教育、平安广东建设等各个方面实施了一大批实实在在的以人民群众为中心的举措,让老百姓真真切切地体会到了生活在广东满满的幸福感。在养老保障工作方面,广东省出台了对经济困难的高龄、失能等老年人补贴制度,还出台了加快推进养老服务发展的若干措施。《关于进一步完善我省港澳台居民养老保险措施的意见》(以下简称《意见》),从 2019 年 12 月 20 日起实施。

《意见》是贯彻落实《粤港澳大湾区发展规划纲要》的重要措施,进一步完善了港澳台居民在广东省参加养老保险的政策措施,优化了广东省各类人才养老保障机制。各项保障政策的出台使广东的老年人能够老有所依,老有所养,提高物质和精神生活质量,真正拥有一段美好的老年生活。广东省切实贯彻群众路线是我们党的生命线和根本工作路线,群众路线是我们党永葆青春

华南农业大学绿榕园长者食堂打饭用餐

活力和战斗力的重要传家宝。明确坚持以人民为中心的根本立场,必须把群众路线贯彻到治国理政的全部活动之中。

"民惟邦本,本固邦宁",人民是国家的根本,把人民的根本利益问题解决好,人民拥护国家、爱护国家,国家就能长治久安。习近平总书记指出:"我国是工人阶级领导的,以工农联盟为基础的人民民主专政的社会主义国家,国家的一切权力属于人民。我们必须始终坚持人民立场,坚持人民主体地位,虚心向人民学习,倾听人民呼声,汲取人民智慧,把人民拥护不拥护、赞成不赞成、高兴不高兴、答应不答应作为衡量一切工作得失的根本标准,着力解决好人民最关心最直接最现实的利益问题,让全体中国人民和中华儿女在实现中华民族伟大复兴的历史进程中共享幸福和荣光。"① 人民群众是我们党的力量源泉,人民立场是中国共产党的根本政治立场。党和人民始终心连心、同呼吸、共命运,

---

① 《十三届全国人大一次会议闭幕 习近平发表讲话(全文)》,新浪新闻2018年3月20日。

二者血肉相连、不可分离，坚持以人民为中心，就是要始终把人民利益摆在至高无上的地位，时刻把老百姓的冷暖安危放在心上，想群众之所想，急群众之所急，把造福人民视为最大政绩。

广东省特别注重为老百姓解决生活中遇到的实际困难，整合多个部门高效、快速地为百姓排忧解难。比如12345政府服务热线，这条热线集政务咨询、民生诉求、政民互动、投诉举报、效能监察为一体，将各职能部门统一规范，是一条便民高效的公共服务热线。以广州市为例，早在2014年，广州市就开通了12345政府服务热线，热线开通距今已经7年多。不论是消费维权投诉，还是公积金、出入境、户政、社保卡等问题的咨询，市民都可以直接拨打12345，12345统一接听，按责转办各部门，相关部门若相互推诿或延迟办结，将被实时监控并问责。12345政府服务热线帮老百姓排忧解难，获得了广东老百姓的高度认可。

### 2. 让人民有获得感和幸福感

坚持党的群众路线，必须让人民群众有更多的获得感，必须把着力保障和改善民生摆在突出位置，抓住住房、教育、医疗、就业、养老、食品安全等与人民群众利益最关切的民生问题，只有采取有力措施对上述问题加以解决，当在幼有所育、学有所教、劳有所得、病有所医、老有所养、住有所居、弱有所扶上不断取得新进展，且不断满足人民日益增长的美好生活需要时，人民的获得感才能不断增强。把人民对美好生活的向往作为奋斗目标，最终要落实到实现好、维护好、发展好最广大人民的根本利益上。广东省正是从群众最关心的问题入手，把民生疾苦放在心头，一大批惠民举措落地实施，让全体人民得到了真正的实惠。

"粤省事"是我国首个集成民生服务的微信小程序,也是广东省"数字政府"改革建设的重要成果。用户注册时通过"实人+实名"身份认证核验,即可在小程序上办理社保、护照通行证、行驶驾驶、税务、户政、婚姻、生育、生活缴费和交通出行等多达100多项民生服务事项。此外,广东省劳动人事争议调解仲裁服务也随后入住"粤省事",在"劳动人事争议调解仲裁"服务中,有劳动者、用人单位和律师的不同入口,还有辅助工资计算、文书样式等功能。广东户籍人口或者外来常住人口都可以通过"粤省事"办理各项民生业务。

近年来,广东省进一步提升"粤省事"移动政务服务平台服务事项的广度和深度。推进省级公安、人力资源社会保障、医保等部门在户政、安全技防、医疗救助、人才、劳动仲裁、社保医保等领域,新增上线高频政务服务事项不少于150项,并拓展了地市的服务应用。进一步优化平台已上线服务事项业务流程,实现老百姓办事填写表格、提交材料、跑动次数减少50%以上,已上线服务事项"零跑动"超过80%。依托"粤省事"平台支撑,提升公共法律服务水平,实现刑事案件律师辩护100%覆盖。

2020年,在举国抗击新冠肺炎疫情的特殊时期,"粤省事"在广东老百姓各项民生事务的办理上发挥了更多的作用,比如广州市公积金中心联合"粤省事"推出了一系列"非接触式"便民新举措,市民可通过"粤省事"线上办理退休、提取公积金、按月提取还贷终止业务,还可以预约公积金线下提取,查询预约信息与取消预约,查询贷款信息和审批进度等。"粤省事"为广东百姓办事提供了极大的便利,是一项获得广东百姓交口称赞的重要民生举措。

在多变的疫情面前,广东省毫不放松抓好疫情防控。认真落实"坚定信心、同舟共济、科学防治、精准施策"总要求,第一时间建立战时指挥体系,迅速启动全省一级响应,调配最强救治力量,97万名医务人员、540万名党员干部、30万名社区工作者、50万名志愿者闻令而动,全省人民众志成城、共克时艰,构筑起抗击疫情的坚固防线。严格落实"四早""四集中"要求,因时因势动态调整防控策略,及时部署实施"四个重点""九个全力""十个千方百计"等重点任务,成功打赢应对春节后返程高峰、复工复产复学、零星散发疫情快速处置等多场硬仗,迅速有效控制疫情。全力防控境外疫情输入,强化粤港粤澳联防联控,大力支持香港抗疫工作,稳妥有序恢复粤澳人员正常往来,牢牢守住了疫情防控"南大门"。坚决服从服务全国大局,驰援湖北武汉和荆州,加强国际医疗合作和科研攻关,口罩、口罩机等防疫物资与装备国家调运总量全国第一。这些举措体现了广东省委为人民谋幸福的根本宗旨和不变的"初心",通过不断满足人民群众美好生活的需要,加大投入力度,优化公共产品和服务供给,不断提升人民群众的获得感和幸福感。

　　人心向背是决定党和人民事业成败的关键,是最大的政治。任何时候任何情况下,与人民群众同呼吸共命运的立场不能变,全心全意为人民服务的宗旨不能忘,永远与人民同呼吸、共命运、心连心。广东省坚持群众路线,绝不是喊喊口号、走走过场,而是要诚心诚意、实打实做。把群众路线融入经济社会发展全过程,紧紧抓住人民最关心最直接最现实的利益问题,从人民群众关心的事情做起,从让人民群众满意的事情做起,做到老百姓关心什么、期待什么,就抓住什么、推进什么,使人民的获得感、幸福感、安全感更加充实、更有保障、更可持续。善于从群众中寻找解决问题的方案和办法,不断提高群众工作的针对性和有效性,使所作出的决策和决策的执行都能充分体现民心民意。

## （二）树立正确的权力观

权力是一把双刃剑，如果以理性审慎的态度运用权力，就能最大程度实现人生价值，如果以狂妄自大的心理运用权力，就会一失足成千古恨。作为党员干部，在运用权力时不可不慎，不因私欲膨胀而无法无天，不可追逐名利而前程尽毁，一定要真正做到权为民所用，利为民所谋，情为民所系。

### 1. 坚持权力为人民所用

作为党员干部，要始终牢记自己是公权力的使用者，而不是公权力的拥有者，手中的权力来自人民，它的唯一用处在于为人民服务。党员干部在行使权力时，只有做到掌权为公、用权为民，才算是正确行使了权力。"习近平同志关于人民利益至上的思想，深刻体现了马克思主义对共产党性质宗旨的基本定位。马克思、恩格斯在《共产党宣言》中指出，过去的一切运动都是少数人或为少数人谋利益的运动。无产阶级的运动是绝大多数人的、为绝大多数人谋利益的运动。这是马克思、恩格斯所创立的科学社会主义的根本观点。为绝大多数人谋利益，坚持人民利益至上，彰显了马克思主义政党的根本价值立场和价值取向。"[①] 不断提升党性修养有助于树立正确的权力观，人民性是中国共产党的根本党性，党性作为政党所固有的本质属性，是政党阶级性的集中表现。

---

① 陈光林：《始终坚持人民利益至上》，《人民日报》2015 年 8 月 26 日。

加强党性修养，永葆公仆本色，才能始终保持中国共产党的纯洁性和先进性。因此，作为领导干部，要不断加强党性修养，提高完善自己，做到不困于利，不惑于物，不累于情，才能干干净净做人，本本分分做事。既要想干事，又能干成事，还要干实事，真正做到全心全意为人民服务。

习近平总书记强调："严以用权，就是要坚持用权为民，按规则、按制度行使权力，把权力关进制度的笼子里，任何时候都不搞特权、不以权谋私。"① 习近平总书记关于严以用权的论述为权力的运用提供了根本遵循，广大党员干部应树立正确的权力观，必须坚持"严"字当头，执政为民，恪尽职守，廉洁从政，廉洁用权，担当作为，争做严以用权的表率。在习近平总书记关于树立正确权力观的重要论述指引下，广东省自觉接受人大依法监督和政协民主监督，办理省人大代表建议 3914 件、省政协提案 3481 件，推动人大监督事项、政协协商议政成果落地落实。加强法治政府、廉洁政府、服务型政府建设，认真执行中央八项规定及其实施细则精神，驰而不息纠正"四风"，强化审计监督和督查落实，政府治理能力不断提升。

近年来，广东省持续推进政治监督具体化、常态化，强化政治监督，践行"两个维护"。在此期间，对广州市疫情防控失责问题进行了精准问责。2021 年 5 月 21 日至 6 月 19 日，广州市发生境外输入关联本土疫情，波及佛山等市。在以习近平同志为核心的党中央坚强领导下，在国务院联防联控机制指导帮助下，广东省委、省政府把疫情防控作为头等大事来抓，全省一盘棋，统

---

① 《习近平关于"三严三实"论述摘编》，中央文献出版社 2015 年版，第 31 页。

筹调度各方面力量，支持广州市把疫情控制住，全力守护人民群众生命安全和身体健康。广州市委、市政府组织广大党员干部，团结带领人民群众勠力同心、众志成城，有效遏制住了疫情。在疫情发生和处置过程中，也暴露出广州市常态化疫情防控工作存在薄弱环节，一些党员领导干部存在履职不力、失职失责的问题。经省委批准，广东省纪委监委、广州市纪委监委疫情防控问责联合调查组进行了深入调查。坚持依规依纪依法，实事求是、科学精准；坚持党政同责，突出对党政领导干部特别是一把手的问责；坚持严的主基调，失责必问、问责必严。在查清事实、厘清责任的基础上，对20名领导干部严肃问责。

另外，对广州市大规模迁移砍伐树木事件进行精准问责。2021年12月12日，全省领导干部大会在广州市召开。会议认真学习贯彻习近平新时代中国特色社会主义思想和习近平总书记重要指示精神，按照住房城乡建设部有关工作要求，进一步深入查摆、深刻反思广州市大规模迁移砍伐城市树木有关问题，进一步吸取教训、引以为戒，对全省及广州市整改落实工作进行再部署、再推动、再落实。会议指出，2020年底以来，广州市在实施"道路绿化品质提升""城市公园改造提升"等工程中，大规模迁移砍伐城市树木，严重破坏了城市自然生态环境和历史文化风貌，伤害了人民群众对城市的美好记忆和深厚感情，是典型的破坏性"建设"行为，造成了重大负面影响和不可挽回的损失，错误严重、教训深刻。李希同志强调，我们要认真学习贯彻总书记重要指示精神，深刻体悟总书记、党中央对广东、广州工作的高度重视、亲切关怀，深刻认识广州发生这一问题的严重性，带着感情、带着责任抓整改，切实增强抓好问题整改的思想自觉政治自觉行动自觉。

广东省加强对换届全过程监督,防止"带病提拔"。2021年,全省回复党风廉政意见暂缓使用、不宜使用7118人。坚守政治巡视定位,对30所省属高校,27个省直单位党组织开展常规巡视,发现"四个落实"方面的突出问题2100余件。市县两级共巡查5908个党组织,发现问题9.1万件。严以用权,必须权责一致。领导干部与普通群众的最大不同,不仅在于手中有权,更在于肩上有责。权力和责任就像是一枚硬币的两面,有多大的权力就要承担多大的责任,尽多大的责任才会有多大的作为。

### 2. 坚持从严治党

对于领导干部来说,遵规守法、不谋私利只是前提和底线,主动作为、勇于担当才是更高境界。目前,有许多关乎群众切身利益的事情亟待解决,但反观我们一些党员干部,甚至是领导干部,对当前从严管党治吏的政治新常态感到不适应,存在"为官不易、为官难为"的错误思想,精神懈怠、不思进取,回避矛盾、躲避麻烦,交差应付、虚诺应承,不敢担当甚至不愿担当的现象不在少数。勤而不廉要出事,廉而不勤要误事。这种懒政怠政的思想和行为,与入党誓言背道而驰,与领导干部的职责使命格格不入。任其蔓延,不仅影响基层党员干部的情绪,更会贻误经济社会发展。

"为政者须率先奉法"。权力的边界是法制,权力运行必须遵循法律的轨迹,法无授权不可为,任何级别的领导干部都没有法外之权。现在,有些党员干部法律观念淡薄,法治意识缺乏,凡事都要自己说了算,以言代法、以权压法,不懂法、不敬法、不守法的现象依然存在;有的不把法律当回事,大搞权钱交易、权色交易,滥用职权、公权私用;等等。领导干部手中的权力,是把双刃剑,既能激励人,又能腐蚀人;既能构筑为大众谋利益的丰碑,又能挖掘自我毁灭的坟墓。作为领导干部,要时刻以谨慎之心对待权力,以淡泊之心对待名利,以警惕之心对待诱惑,把法治理念贯穿到领导工作的每一个环节,自觉做尊法学法守法用法的模范;按照权力清单用权,按照法定界限用权,让权力在法律范围内活动,在法律红线内运行,不断提高运用法治思维和法治方式深化改革、化解矛盾、维护稳定的能力。

广东省始终保持严的主基调,2021年全省纪检监察机关接受检举控告类信访举报5.2万件次,立案审查调查3.5万件,给予党纪政务处分2.8万人,移送检察机关审查起诉1203人,其中立案审查调查省管干部97人,处级干部1944人。全省追回外逃人员172人,其中"红通人员"7人,监察对象57人,追回赃款3.1亿元人民币。坚持受贿行贿一起查,涉嫌行贿人员287人,全省有3876人向纪检监察机关主动投案①。严以用权,必须敬畏权力。敬畏权力、不让权力越轨逾矩,是廉洁从政、成就一番事业的重要保证。只有敬畏权力,才会谨慎使用权力,才能对自己的行为有所规范,有所约束,才能当止则止,当行则行。习近平总书记在十八届中央纪委三次全会上强调,领导干部要心存敬畏,不要心存侥幸,要"牢记'手莫伸,伸手必被捉'的道理"②。从严治党的关键在于对党员干部的权力使用进行有效的规范,使得党员干部在履职尽责的过程中始终保持"如临深渊如履薄冰"

---

① 《广东坚持严惩腐败不动摇 强调"取信于民"》,光明网2022年1月26日。

② 《强化反腐败体制机制创新和制度保障 深入推进党风廉政建设和反腐败斗争》,《人民日报》2014年1月15日。

的敬畏心理。党员干部只有心存敬畏，做人才会低调平和、不骄不躁，用权才会认真负责、兢兢业业，才会知所避、知所守、知所止，遵循规矩、守住底线，如果心无敬畏，则会骄奢淫逸，无所顾忌、任性妄为，最终必然导致底线失守，害人害己。

党员干部立身的第一要务就是要牢固树立正确的权力观、事业观、价值观。对权力观的理性认识是：我们手中的权力是人民赋予的，我们只是代表党和人民掌管和行使权力，必须把权力视为义务和责任，秉公用权、为民用权，多办顺应民意、化解民忧、为民谋利的实事好事，确保人民赋予的权力始终用来为人民谋利益。党员干部一定要清楚一个基本的道理，这就是离开领导干部这个工作岗位，则与普通群众没有什么两样。领导干部要树立公民意识，要戒绝特权思想，不管什么时候、身处何地何位，都要以公民的视角和心态去面对人和事，低调做人，磊落做官，踏实干事，始终做到居上而不骄，处下而不忧，善待权力，珍惜权力，用好权力。要认识到，权力意味着奉献，职位意味着服务，当权力能够运用得当，能够为人民群众带来更多的民生福祉，则意味着实现了更大的个人价值。为了广大百姓的幸福生活，党员干部一定要精益求精，不断进取，在工作上永不知足，事业上永不止步，追求上永不懈怠，团结带领广大干部群众创造出无愧于党和人民期待的新业绩。

## （三）严禁主观主义、官僚主义、形式主义

中国共产党在长期的革命实践中，确立了一条辩证唯物主义的思想路线，即一切从实际出发，理论联系实际，实事求是，在

实践中检验真理和发展真理。实事求是是中国共产党思想路线的核心，党的思想路线是党制定政治路线、组织路线和各项方针政策的基础，也是我们正确理解和执行党的路线、方针、政策的保证。近年来，广东省不断推动落实中央八项规定精神，坚持纠"四风"树新风并举，取得了较为显著的成绩。

### 1. 狠抓作风建设

主观主义就是一切从主观出发的思想方法和工作作风。其出发点包括感情、愿望、想象、意志、经验、本本等主观因素。特点是只凭主观，无视客观，不听群众意见，不做调查研究，主观与客观相分裂，认识和实践相脱离。形式主义、官僚主义既是思想问题、作风问题，也是政治问题，同我们党的性质宗旨和优良作风格格不入。主观主义、官僚主义、形式主义违背了党的思想路线，都没能做到实事求是。

习近平总书记高度重视解决主观主义、形式主义、官僚主义问题，强调从讲政治的高度来审视、从思想利益的根源上来破解，这为杜绝主观主义、形式主义、官僚主义提供了治本之策。官僚主义、形式主义的实质是主观主义，根源在于政绩观错位、责任心缺失，主要表现为知行不一、不求实效，文山会海、花拳绣腿，贪图虚名、弄虚作假，用轰轰烈烈的形式代替扎扎实实的落实。官僚主义实质是封建残余思想作祟，根源是官本位思想严重、权力观扭曲，主要表现为脱离实际、脱离群众，高高在上、漠视现实，唯我独尊、自我膨胀，盲目依赖个人经验和主观判断。现实中，主观主义、形式主义与官僚主义大多相伴相生、如影随形。出现形式主义，往往就会出现脱离群众、做表面文章，从而滋生官僚主义；出现官僚主义，往往就会出现照搬照套、敷衍了事，从而滋生形式主义。习近平总书记指出："作风问题根本上是党性问题。"① 主观主义、形式主义、官僚主义属于典型的作风问题、党性问题，严重损害党在人民群众中的形象，严重损害党群干群关系。

在习近平新时代中国特色社会主义思想的指引下，广东省严查违规吃喝，违规用车，违规收送礼品、礼金等突出问题，开展"窗口腐败"专项整治。在刚刚过去的2021年，全省查处享乐主义、奢靡之风问题2931件，给予党纪政务处分3043人。2021年，全省查处形式主义、官僚主义问题2950个，给予党纪政务处分3322人。主观主义、形式主义、官僚主义违背了马克思主义立场、观点、方法，背离我们党实事求是的思想路线，是理想信念动摇滑坡的表现。杜绝主观主义、形式主义、官僚主义，必须坚持不懈狠抓作风建设，教育引导党员、干部特别是领导干部坚定理想信念，牢记党的性质和宗旨，牢记党对干部的要求，自觉涵养"功成不必在我"的精神境界、强化"功成必定有我"的历史担当，牢固树立正确的政绩观。

值得一提的是，广东省展播"廉润南粤"系列公益广告，拍摄"勤廉风范"微视频，办好"南粤新风"，寻找南粤"最美家风"专栏，让新风气不断充盈。在反对形式主义方面，着重解决工作不实问题，督促领导干部树立正确的政绩观，克服浮躁情绪，抛弃私心杂念。在反对官僚主义方面，着重解决在人民群众利益上不维护、不作为问题，既注重维护最广大人民根本利益和长远利益，又切实解决群众最关心、最直接、最现实的利益问题。经

---

① 《习近平关于"不忘初心、牢记使命"论述摘编》，中央文献出版社2019年版，第190页。

过持续努力,形式主义、官僚主义的生存空间被大大挤压,广大党员、干部真抓实干的劲头不断增强。同时必须看到,一些党员、干部身上形式主义和官僚主义问题依然突出。有的抓理论学习不深不透,理解不够到位,自以为学了就是懂了,讲过就是落实了,重"痕"不重"绩"、留"迹"不留"心";有的以为抓工作落实就是层层发文、层层开会,贯彻党中央决策部署"依葫芦画瓢",搞"上下一般粗";有的热衷于同下级单位签"责任状",将责任下移,把压实责任变成"击鼓传花"。

### 2. 旗帜鲜明讲政治

习近平总书记强调:"要坚决杜绝形形色色的形式主义官僚主义,持续为基层松绑减负,让干部有更多时间和精力抓落实。"① 彻底铲除形式主义、官僚主义滋生蔓延的土壤,既要有常抓的韧劲、严抓的耐心,又要靠管长远、固根本的制度。中国特色社会主义进入新时代,以习近平同志为核心的党中央以更大决心、更强力度、更实举措持之以恒解决困扰基层的形式主义和官僚主义问题,把力戒形式主义和官僚主义纳入不忘初心、牢记使命的制度中,建立健全理论学习、检视问题、抓实整改的长效机制。中共中央办公厅先后印发《关于解决形式主义突出问题为基层减负的通知》《关于持续解决困扰基层的形式主义问题 为决胜全面建成小康社会提供坚强作风保证的通知》,为解决困扰基层的形式主义问题、激励干部担当作为指明了方向。从根源上破解形式主义、官僚主义,必须旗帜鲜明讲政治,把党中央决策部

---

① 《持续解决困扰基层的形式主义问题 为决胜全面建成小康社会提供坚强作风保证》,《人民日报》2020年4月15日。

署体现到实际效果上。

一方面，紧盯形式主义、官僚主义新动向新表现，充分认识形式主义、官僚主义的多样性和变异性，摸清其在不同时期、不同地区、不同部门的不同表现。另一方面，拿出真招实招，切实加强监督管理，坚决纠正督查检查考核名目繁多、频率过高、多头重复等问题，严格控制"一票否决"和过多过滥的"责任状"，切实防止出现以会议落实会议、以文件落实文件的现象，让干部从繁文缛节、文山会海、迎来送往中解脱出来，真抓实干，抓出实效、干出实绩。

党的十八大以来，习近平总书记以身作则、率先垂范，全党言出纪随、久久为功，锲而不舍落实中央八项规定精神，实现了气象更新，刹住了许多人认为不可能刹住的歪风，得到人民群众交口称赞，成为党的建设的亮丽名片。但是官僚主义、形式主义问题树倒根在，积习甚深，必须保持冷静清醒，抓常、抓细、抓长，在坚持中深化、在深化中坚持，推动优良作风成风成俗。党的十九大以后，习近平总书记再次对作风建设作出重要指示，释放出驰而不息正风肃纪的强烈信号。我们各级党员领导干部要认真学习讨论习近平总书记的重要指示，结合深入学习贯彻党的十九大精神和习近平新时代中国特色社会主义思想，深刻领会指示的内容和精神实质，牢固树立"四个意识"，不断提高政治站位和政治自觉，以永远在路上的坚韧毅力锲而不舍抓好作风建设。作风问题本质上是党性问题，要采取多种方式，教育引导广大党员加强党性修养，进一步坚定理想信念，提高落实中央八项规定精神的思想自觉和行动自觉。继续开展"不忘初心、牢记使命"主题教育，引导党员干部通过进一步树立"四个意识"，增强"四个自信"，筑牢抵制歪风邪气的思想根基。解决形式主义、官僚主义问题的主体责任在各级党组织及其主要负责人。各级主要负责同志要发挥党组织牵头抓总作用，通过层层压实主体责任，认真查摆存在的形式主义和官僚主义主要表现、突出问题和成因，拿出见人见事的过硬措施，一步一步地扎实整改。

严禁主观主义、官僚主义、形式主义要充分发挥职能部门作用，督促其强化监管、健全制度，及时发现和纠正突出问题，形成齐抓共管的工作合力。广东省委聚焦习近平总书记在重要指示中指出的10个方面形式主义、官僚主义具体表现，特别是表态多调门高、行动少落实差等突出问题，以此为突破口和切入点，紧抓不放、一抓到底，以点带面，用小切口推动大变局。坚持把纪律和规矩挺在前面，对热衷于搞形式主义、官僚主义的党员干部及时"红脸出汗""咬耳扯袖"，该提醒的提醒，该批评的批评，该诫勉的诫勉，防止小问题造成大影响。

党史学习教育开展以来，广东省纪检监察机关坚持纠"四风"树新风并举，并列入"我为群众办实事"重点民生项目。广东省纪委监委坚持严的主基调，对党员干部违反婚丧喜庆规定问题，坚持发现一起、纠正一起、查处一起，为树新风打下坚实基础。党的十九大至2021年6月底，全省纪检监察机关共纠正党员干部违规操办婚丧喜庆问题95个，查处违规操办婚丧喜庆问题39起，处理党员干部58人，违规操办婚丧喜庆问题得到有效遏制。作风问题具有顽固性和反复性，形成优良作风不可能一劳永逸，克服不良作风也不可能一蹴而就。形式主义和官僚主义问题由来已久、成因复杂，而且受到历史文化、传统观念、社会习俗等因素影响，不是一朝一夕就能彻底解决，也不可能一劳永逸。必须警钟长鸣，久久为功。十八大以来不收敛不收手的现象仍然存在，顶风违纪行为还有增量，说明整治形式主义、官僚主义问题必须持续加大力度，以永远在路上的恒心和韧劲，不断把螺丝拧得更紧，工作做得更实，才能打赢作风建设的攻坚战、持久战。

旗帜鲜明讲政治，态度坚决反形式主义、官僚主义，是党员干部特别是领导干部必须具备的基本政治素质。但是，令人遗憾的是，少数党员干部，对于身边存在的不良风气抱着"事不关己，高高挂起""独善其身，与己无关"等不良心态；凡此种种"事不关己"的不良心态，其实也是一种必须坚决纠正的官僚主义行为。全面从严治党永远在路上，作风建设永远在路上，这是对全党提出的明确要求。全党同志，必须始终保持政治上的清醒和战略上的警醒，不能也不允许有松松劲、喘口气、歇歇脚的想法。一旦对形式主义、官僚主义问题的严重性、顽固性和反复性认识不足，搞运动式的"一阵风"，看似解决了问题，实质是掩盖了问题。只有以抓铁有痕、踏石留印的韧劲，一个节点接着一个节点抓，一个问题接着一个问题改，永不松劲，持续发力，久久为功，才能坚决防止不良风气反弹回潮。

"桃李不言，下自成蹊。"树立正确的政绩观，以"大学习、深调研、真落实"促进大发展，时刻把群众利益放在第一位，做到人民群众喜爱的事情多做，人民群众厌恶的不做，把努力的方向和群众利益始终保持一致，坚决不做违反群众利益的事情。在运用权力的过程中能清正廉洁，胸襟坦荡，既要做那些能够短期见效的"显绩"，更要做那些具有长远利益的"潜绩"。在追求可持续发展的过程中，创造实实在在的政绩，全心全意为群众办好事、做实事，"大学习、深调研、真落实"不能成为哗众取宠的空洞口号，而应该成为名副其实的华美乐章，始终按照预定目标推进工作。只有党员干部以"不贪一时之功，不图一时之名"的精神开展工作，就能取得真正的政绩，得到人民群众真心的支持和拥护。

# 七　重在提升执政能力

"打铁还需自身硬",要扎实贯彻落实"大学习、深调研、真落实"的工作机制,归根到底还是要提升党员干部的执政本领。执政本领是涵盖多个方面的复合能力,主要可以分为:全面从严治党,保证党的纯洁性;提升干部的"七种能力",保证党的先进性;践行"头雁效应"的使命担当,保证党的模范性。

## （一）全面从严治党向基层延伸

"全面从严治党"这六个字,凝结着我们党在加强党的建设方面进行的全方位实践探索和历史性变革,蕴含着对新时代党的事业发展和党的建设的新要求,昭示着党的前进方向。

### 1. 把握"全面从严治党"的历史由来

把握"全面从严治党"的历史由来,有助于党员干部深入理解我们党的建设要求,并在实践工作中落实要求。这段历史可以分为四个阶段:早期重视党的纪律;改革开放后党的十四大将"从严治党"首次写入党章;党的十六大修改为"坚持党要管党,从严治党";党的十九大深化为"坚持党要管党,全面从严治党"。

我们党自成立起就把"党要管党"作为党的建设的重大问题。1921年党的一大通过的《中国共产党纲领》，对党员管理作出了明确规定。1922年党的二大通过的《中国共产党章程》（以下简称《党章》），其中专门有一章为《纪律》。从井冈山革命开始，毛泽东同志就一直强调党的纪律是执行党的政治路线、增强党的团结与统一的重要保证。

"从严治党"的概念真正诞生于改革开放之后。1992年10月，党的十四大首次将"从严治党"写入《党章》总纲，指出："中国共产党要领导全国各族人民实现社会主义现代化的宏伟目标，必须紧密围绕党的基本路线加强党的建设，坚持从严治党，发扬党的优良传统和作风，提高党的战斗力，把党建设成为领导全国人民沿着有中国特色的社会主义道路不断前进的坚强核心。"

2002年11月，党的十六大报告强调"一定要坚持党要管党、从严治党的方针"，并将"坚持党要管党、从严治党"首次写入《党章》总纲："坚持党要管党、从严治党，发扬党的优良传统和作风，不断提高党的领导水平和执政水平，提高拒腐防变和抵御风险的能力，不断增强党的阶级基础和扩大党的群众基础，不断提高党的创造力、凝聚力、战斗力，使我们党始终走在时代前列，成为领导全国人民沿着中国特色社会主义道路不断前进的坚强核心"。

党的十八大以来，以习近平同志为核心的党中央全面加强党的领导和党的建设，坚决改变管党治党"宽松软"状况，全面从严治党成效卓著。2017年10月，党的十九大首次将"全面从严治党"写入党章。在中国共产党成立一百周年之际，党的十九届六中全会胜利召开，对党的百年奋斗重大成就和历史经验进行了深入总结，形成了第三个历史决议《中共中央关于党的百年奋斗重大成就和历史经验的决议》（以下简称《决议》）。《决议》中17次提到"治党"，8次提到"全面从严治党"，提出的10个"明确"中的第4个"明确"就包含全面从严治党的内容。这充分彰显了"全面从严治党"在我们党百年奋斗历史经验中的重要地位，突出了我们党始终坚持自我革命的坚定决心。

### 2. 落实"全面从严治党"重在自我革命

全面从严治党的落实关键在于自我革命。习近平总书记在党的十九大报告中指出："勇于自我革命，从严管党治党，是我们党最鲜明的品格。"勇于自我革命是作为世界第一大党的中国共产党区别于其他政党的显著标志，是我们党最大的优势，是夺取百年历程伟大胜利的重要法宝。它能及时清除一切侵蚀党的健康肌体的病毒，让我们党避免陷入历史周期率的泥淖。

广东省作为改革开放的排头兵，在经济快速发展的同时，也面临诸多执政风险。"大学习、深调研、真落实"的工作机制也能应用于自我革命当中。"大学习"是要学习习近平总书记的重要讲话精神。省委书记李希在2018年1月召开的中共广东省第十二届纪律检查委员会第二次全体会议上强调，一要深刻领会党的十九大关于全面从严治党的战略部署，进一步增强政治责任感和历史使命感，提高政治站位，树立历史眼光，发扬彻底的自我革命精神，进一步把党建设好建设强；二要深刻领会党的十八大以来全面从严治党的重要经验，充分认识"六个统一"（"六个统一"分别指：思想建党和制度治党相统一、使命引领和问题导向相统一、抓"关键少数"和管"绝大多数"相统一、行使权力和担当责任相统一、严格管理和关心信任相统一、党内监督和群众监督相统一）的理论意义和实践意义，在实践中长期坚持并不断深化；三要深刻领会全面从严治党必须持之以恒、毫不动摇的重要论断，清醒认识全面从严治党形势的严峻性和复杂性，坚持问题导向，保持战略定力，以坚如磐石的决心把全面从严治党长期坚持下去；四要深刻领会当前和今后一个时期深入推进全面从严治党的任务要求，不折不扣抓好贯彻落实，把全面从严治党引向深入。

广东省始终把党的政治建设摆在首位，加强党内监督，深入调研并重点查处政治问题和经济问题相互交织的腐败案件。这是"大学习""深调研"和"真落实"相互结合的行动，以此做到"两个维护"。近年来，广东省进一步完善暗访、查处、追责、曝光"四管齐下"的有效机制，用于将刀刃向内进行自我革命，以严明纪律和优良作风决胜全面小康。强化主体责任，统筹运用好纪法"两把尺子"，贯通运用监督执纪"四种形态"，在加强日常监督上集中发力，真正做到管好关键人、管到关键处、管住关键事、管在关键时。坚决清除一切侵蚀党的健康肌体的病毒，发现腐败问题坚决查处，巩固发展反腐败斗争压倒性胜利。勇于向群众身边的腐败和作风问题亮剑，严查"微腐败""小官大贪"，深挖细查涉黑涉恶腐败和"保护伞"案件，当好人民群众切身利益守护人。加强对防范风险、维护稳定的监督执纪，推动各级党组织和党员干部自觉履行好防范风险、维护稳定重大职责。

全面从严治党是我们党在新形势下进行具有许多新的历史特点的伟大斗争的根本保证。2022年1月，习近平总书记在十九届中央纪委六次全会上提出"六个必须"，深刻总结了新时代坚定不移全面从严治党推进自我革命成功实践：必须坚持以党的政治建设为统领，坚守自我革命根本政治方向；必须坚持把思想建设作为党的基础性建设，淬炼自我革命锐利思想武器；必须坚决落实中央八项规定精神、以严明纪律整饬作风，丰富自我革命有效途径；必须坚持以雷霆之势反腐惩恶，打好自我革命攻坚战、持久战；必须坚持增强党组织政治功能和组织力凝聚力，锻造敢于善于斗争、勇于自我革命的干部队伍；必须坚持构建自我净化、自我完善、自我革新、自我提高的制度规范体系，为推进伟大自我革命提供制度保障。

广东省认真学习贯彻习近平总书记在十九届中央纪委六次全会上的重要讲话和纪委全会精神，坚持不懈把全面从严治党向纵深推进。省委书记李希强调："一要巩固拓展党史学习教育成果，从党的百年自我革命历史特别是总书记带领我们推进全面从严治党的伟大实践中汲取智慧和力量，把党自我革命的历史经验传承好、发扬好。二要坚持强化政治监督，抓住'两个维护'根本任务，引导督促各级党组织和党员干部心怀'国之大者'，完整、准确、全面贯彻新发展理念，时时处处向总书记、党中央看齐，扎扎实实贯彻总书记、党中央决策部署，确保不偏向、不变通、不走样，在落实'1+1+9'工作部署、实现总书记赋予广东的使命任务上不断取得新进展、新成效。三要坚持推进党风廉政建设和反腐败斗争，加大腐败案件查处力度，坚持受贿行贿一起查，坚持正风肃纪反腐与深化改革、完善制度、促进治理贯通起来，不断实现不敢腐、不能腐、不想腐一体推进战略目标。四要坚持严格执行中央八项规定精神，锲而不舍纠'四风'树新风，以好作风赓续好传统、建功新时代。五要坚持加强对年轻干部的教育管理监督，教育引导年轻干部扣好廉洁从政的'第一粒扣子'，成为党和人民忠诚可靠的干部。六要坚持完善权力监督制度和执纪执法体系，落实党委（党组）党内监督的主体责任，发挥纪检监察机关作为监督专责机关作用，深化政治巡视，不断把制度优势转化为治理效能。"①

### 3. 全面从严治党的最后一公里

全面从严治党中的"全面"二字拥有丰富而深刻的内涵。它不仅包括党中央在治党内容上的全面含义，如政治、思想、作风、纪律等；更重要的是，它包括治党对象层级上的全面含义，即让全面从严治党向基层延伸，让全面从严治党对老百姓的日常生活产生积极实在的成效，确保全面从严治党走到老百姓身边的最后一公里路，维护党在人民群众心中的形象与威信。

抓基层、打基础，始终是我们党治国理政、管党治党的固本之策。党的十九大报告指出，"加强基层组织建设。党的基层组织是确保党的路线方针政策和决策部署贯彻落实的基础。要以提升组织力为重点，突出政治功能，把企业、农村、机关、学校、科研院所、街道社区、社会组织等基层党组织建设成为宣传党的主张、贯彻党的决定、领导基层治理、团结动员群众、推动改革发展的坚强战斗堡垒。"

2018年10月22—25日，习近平总书记在广东视察期间，对广东省提出了4个方面的工作要求，其中一点是"加强党的领导和党的建设"，并提到"要牢固树立'四个意识'，坚定'四个自信'，坚决维护党中央权威和集中统一领导"。2018年5月，广东省委办公厅印发了《广东省加强党的基层组织建设三年行动计划（2018—2020年）》［下文简称《三年行动计划（2018—2020

---

① 《坚持不懈把全面从严治党向纵深推进》，《南方日报》2022年1月27日。

年)》],对全面加强基层党组织建设作出了重要部署。在这三年期间,广东认真贯彻习近平总书记"把各领域基层党组织建设成为实现党的领导的坚强战斗堡垒"的要求,着力增强基层党组织政治功能和组织功能,把学习贯彻习近平新时代中国特色社会主义思想作为首要政治任务,制定实施"两个维护"10项制度机制,开展多达8轮的"大学习、深调研、真落实",全覆盖建成1609个镇街党校,开展党员培训22.5万场次。①

广东省坚持抓好各级党组织的全面从严治党工作,落实全面从严治党责任,推动基层党建各项工作落到实处。省委书记李希强调,要持续深入推进基层正风反腐行动,狠抓基层作风建设,大力整治群众身边腐败问题,推进常态化扫黑除恶工作,推动全面从严治党向基层延伸。广东坚持"五级书记"抓基层党建,省委书记亲自安排部署,压实市委书记责任,推动县委书记当好"一线总指挥"、镇街书记做到"阵地在村、岗位在村"、村(社区)党组织书记直接抓落实。广东省江门市江海区作为全省唯一列入全国农村社区治理实验区的县(区),在落实全面从严治党向基层延伸的工作方面发挥了一定的模范作用。

## 江门江海:推行村级党组织书记小微权力清单制度,促使村级权力有序规范运行

广东省江门市江海区推行村级党组织书记小微权力清单制度,这为村级党组织书记干事创业提供了良好平台。以下是具体做法:

(1)解决村级党组织书记小微权力"是什么"的问题。一是

---

① 《〈广东省加强党的基层组织建设三年行动计划(2021—2023年)〉出台 高质量党建推动高质量发展》,《南方》杂志2021年4月12日。

厘定小微权力清单。认真梳理村级党组织书记工作职责，制定出台涉及重大决策、日常管理、公共服务等3大类的小微权力清单，基本实现"清单全覆盖"。二是动态调整小微权力事项。引导各街道对照清单内容，结合农村具体实际，对清单之外与群众利益相关、符合有关规定的其他事项，经报批后可列入街道特色清单。三是划定小微权力纪律"红线"。配套制定村级党组织书记负面清单"二十一条"，对不得违反"四议两公开"工作机制、不得挪用集体资金等廉洁履职行为进行规范。

（2）解决村级党组织书记小微权力"如何用"的问题。一是建立小微权力运行全流程公开机制。对照权力清单和相关制度要求，结合"四议两公开"流程，绘制简明易懂的小微权力运行流程图。二是打造小微权力清单宣传服务阵地。将权力清单转化为便民清单，借助村（社区）党群服务中心等进行宣传，群众根据流程图"按图索骥"，办事更便捷。运用微信公众号等平台公示清单内容、流程图、办事进度、表决结果等，"线上线下"同步公开。在村级党建文化公园以张贴展画、悬挂条幅等方式进行宣传。三是开展小微权力运行管理专题培训。坚持"书记抓、抓书记"，利用交流座谈、村居调研等形式，加强对村级党组织书记日常业务指导。

（3）解决村级党组织书记小微权力"怎么管"的问题。一是主动查找风险点，制定防控措施。在联合纪委监委制定防控措施的同时，重点针对城乡低保申请、工程项目及物品采购等小微权力事项进行专项巡察。二是完善制度建设，织密监督网络。加强区直相关单位、街道、村居多方协同，将小微权力清单与"四议两公开"、农村基层组织向党组织报告、村（社区）党组织书记任职县级备案管理等制度有机结合。三是强化考核管理，落实责任担当。明确街道党工委主体责任、职能部门监督责任和村党组织直接责任,发挥驻村第一书记、村务监督委员会监督作用,探索出台村级党组织书记违反规范行为责任追究措施,并将之纳入考核体系。

——摘自《南方》杂志2021年11月1日

在《三年行动计划（2018—2020年）》取得显著成效后,广东并不沾沾自喜,就此止步。2021年4月,广东省委办公厅紧接着印发了《广东省加强党的基层组织建设三年行动计划（2021—2023年）》[下文简称《三年行动计划（2021—2023年）》],开展新一轮三年行动计划,旨在通过高质量党建推动高质量发展。在新一轮三年行动计划中,广东省聚焦重点,抓住关键,使大抓党建、大抓基层的氛围更加浓厚,全面从严治党主体责任更加落实,党组织领导的基层治理体系更加完善,基层党组织和党员的作用发挥更加充分,党在基层的执政基础更加牢固。省委书记李希强调,一要着力提升政治领导力,坚定不移把党的全面领导落实到基层;二要着力提升思想引领力,持续推动学习宣传贯彻习近平新时代中国特色社会主义思想走深走实;三要着力提升群众组织力,不断扩大基层党的组织覆盖和工作覆盖;四要着力提升社会号召力,夯实党执政的群众基础;五要着力提升队伍战斗力,全面加强基层党员干部队伍建设;六要着力提升自我革新力,营造风清气正的政治生态。① 相信通过新一轮的三年努力,广东将进一步增强基层党组织的政治领导力、思想引领力、群众组织

---

① 《落实全面从严治党责任　推动基层党组织全面进步全面过硬》,《南方日报》2021年1月1日。

力、社会号召力、队伍战斗力、自我革新力，在新征程中为祖国创造更多辉煌。

## （二）提升干部的"七种能力"

### 1. "七种能力"的内涵

2020年10月，习近平总书记在中央党校（国家行政学院）中青年干部培训班开班仪式上强调，面对复杂形势和艰巨任务，我们要在危机中育先机、于变局中开新局，干部特别是年轻干部要提高政治能力、调查研究能力、科学决策能力、改革攻坚能力、应急处突能力、群众工作能力、抓落实能力，勇于直面问题，想干事、能干事、干成事，不断解决问题、破解难题。

政治能力指的是把握正确政治方向，坚持中国共产党领导和我国社会主义制度，有高度的政治敏锐性和政治鉴别力，对党的政治纪律和政治规矩怀有敬畏之心，掌握马克思主义理论和中国化的马克思主义。对于党员干部而言，政治能力是根本能力，必须把政治能力放在首位。年轻干部必须坚守一条，凡是有利于坚持党的领导和我国社会主义制度的事就坚定不移做，凡是不利于坚持党的领导和我国社会主义制度的事就坚决不做。

调查研究能力指的是到群众中去、到实践中去，了解和掌握真实情况，对调研得来的一手资料进行认真分析，由此及彼，由表及里。调查研究要经常化，不能走马观花、蜻蜓点水，一得自矜、以偏概全。对经过充分研究、比较成熟的调研成果，要及时上升为决策部署，转化为具体措施；对尚未研究透彻的调研成果，要更深入地听取意见，完善后再付诸实施；对已经形成举措、落实落地的，要及时跟踪评估，视情况调整优化。

科学决策能力指的是要有战略眼光，对"国之大者"心中有数，多打大算盘、算大账，少打小算盘、算小账；深入研究、综合分析，看事情是否值得做、是否符合实际情况，全面权衡；在做决策时一定要开展可行性研究，多方听取意见。

改革攻坚能力指的是拥有改革攻坚的勇气和决心，保持越是艰险越向前的刚健勇毅；把干事热情和科学精神结合起来，使出台的各项改革举措符合客观规律、符合工作需要、符合群众利益；用正确的方法，坚持创新思维，跟着问题走、奔着问题去，准确识变、科学应变、主动求变；尊重群众首创精神，把加强顶层设计和坚持问计于民统一起来，从生动鲜活的基层实践中汲取智慧；注重增强系统性、整体性、协同性，使各项改革举措相互配合、相互促进、相得益彰。

应急处突能力指的是预判风险以防范风险，把握风险走向以谋求战略主动；增强风险意识，下好先手棋、打好主动仗；对可能发生的各种风险挑战，要做到心中有数、分类施策、精准拆弹，有效掌控局势、化解危机；要紧密结合应对风险实践，查找工作和体制机制上的漏洞，及时予以完善。

群众工作能力指的是坚持从群众中来、到群众中去，真正成为群众的贴心人；认真落实党中央各项惠民政策和关于逐步实现全体人民共同富裕的要求，把小事当作大事来办，切实解决群众"急难愁盼"的问题；注重宣传群众、教育群众，用群众喜闻乐见、易于接受的方法开展工作，提高群众思想觉悟，让他们心热起来、行动起来；自觉运用法治思维和法治方式深化改革、推动发展、化解矛盾，维护社会公平正义。

抓落实能力指的是以上率下、真抓实干，不能做样子；带领大家一起定好盘子、理清路子、开对方子，重要任务亲自部署、关键环节亲自把关、落实情况亲自督查，不能高高在上、凌空蹈虚，不能只挂帅不出征；要拥有钉钉子精神，抓铁有痕、踏石留印，稳扎稳打向前走，过了一山再登一峰，跨过一沟再越一壑，不断通过化解难题开创工作新局面。

## 2. 干部能力、干部素质与党的执政能力的内在联系

第一，强调干部能力并非单纯讲业务能力，而是着眼于干部整体素质的提升。重视干部能力培养和锻炼，是中国共产党的一个传统，这是由党所肩负的使命和任务决定的。"七种能力"是在"十四五"规划开局前夕、我国即将开启全面建设社会主义现代化国家新征程之前提出的。如今，我们党已经走完了第一个百年征程，正意气风发地踏入新的、目标更为宏伟的第二个百年征程。当今世界正经历百年未有之大变局，外部环境出现更多不稳定性、不确定性，党和国家在前进道路上也面临着新的困难和挑战，这意味着对干部能力的要求和需求也会进一步提高。"七种能力"归结起来就是解决实际问题的能力。提高干部解决实际问题的能力，具有历史的必然性和现实的紧迫性。

强调干部能力，是因为干部能力是干部素质的重要体现。我们党对干部的一贯要求是德才兼备。其中，德为干部素质的首要要求。习近平总书记强调的"忠诚、干净、担当""心中有党、心中有民、心中有责、心中有戒""铁一般信仰、铁一般信念、铁一般纪律、铁一般担当"等等，归结起来强调的就是干部的"德"，特别是干部的政治素质。反观近年来反腐败斗争中的诸多案例，干部的问题也大多为政治素质和道德品质问题，而非业务

能力问题。而且，需要更加重视的是，倘若干部的政治素质和道德品质出了问题，业务能力越强的人，造成的社会危害就越大。因此，强调提升干部能力，绝不仅仅在于提升干部的业务能力，而是着眼于提升干部的整体素质。这也是政治能力排在"七种能力"首要位置的重要原因。

广东省高度重视干部的素质培养。省委书记李希在2018年全省组织工作会议上强调，要以战略眼光和全局思维，大力发现培养选拔优秀年轻干部。① 一要着力锻造优秀年轻干部良好的政治素质，教育优秀年轻干部对党忠诚，坚定不移听党话、跟党走。二要在实践中提升优秀年轻干部的本领，注重在关键、吃劲的岗位及基层一线、艰苦地区培养和考验，优化年轻干部培养成长的路径。三要在干部工作全局中统筹抓好优秀年轻干部工作。四要教育引导优秀年轻干部不断提高自我修养，锻造顽强作风。广东是改革开放的先行地，广大党员干部更需要提升整体素质，尤其是"七种能力"，只有这样才能有效应对改革过程中面对的风险与挑战，带领广大人民群众奋力走向共同富裕。

第二，强调干部能力并非孤立地讲个体能力，而是从提升党的执政能力整体意义出发。党的十九大明确要求，以加强党的长期执政能力建设、先进性和纯洁性建设为主线。这一要求充分彰显中国共产党作为七十多年执政党的根本性特征是加强自身建设，也深刻总结出中国共产党成为走过百年光辉历程的世界第一大党的成功经验是加强自身建设。党的建设十分关键的一点在于围绕党的政治路线来进行。中国共产党从成立那天起，就肩负着历史

---

① 《全省组织工作会议在广州召开　李希出席会议并讲话　马兴瑞主持》，《南方日报》2018年7月30日。

赋予的重大使命。建设一个什么样的党，怎样建设党？这一问题的答案，不是在理论书本里，而是在历史使命的现实要求里。今天，当中国共产党作为执政党，团结带领全国各族人民为实现中华民族伟大复兴的中国梦而继续奋斗时，正确解决现实工作中的一切问题，推进事业的顺利发展，是党员干部的责任。而要做到和做好这一点，就需要增强相应的能力。

第三，加强党的执政能力，是一种综合性要求，党的各方面建设都会直接关系执政能力。如果党的政治建设搞不好，那么政治纪律和政治规矩就得不到有效贯彻，政治生态被污染，党内纯洁关系被破坏，对党的执政能力带来致命性的负面影响；如果党的思想建设不到位，那么党内就会缺乏正确的思想理论武装和指导，理想信念淡化，信仰缺失，患上精神"软骨病"，对党的执政能力带来严重负面影响；如果党的组织建设跟不上，那么组织的力量就得不到应有的发挥，组织内部涣散无力，组织的执行力和领导力软弱，不能有效地动员组织群众，对党的执政能力带来明显的负面影响；如果党的纪律作风建设不达标，更是会直接导致党的组织内部工作混乱，出现"七个有之"问题，严重危害党的形象和威信，极大地削弱党的执政能力。总之，要不断加强党的执政能力建设，就需要把党的各个方面建设搞好。

通过分析影响党的执政能力的多方面因素，可以发现干部状况是其中的关键因素。在学习习近平总书记讲话的过程中，一定要认识到总书记强调干部能力，绝不是孤立地就每个干部个体的能力来讲，而是从提升党的执政能力这个整体意义来讲的。这些能力的内涵和提出的背景都反映出我们党在新的历史条件下面临的各种新考验、新挑战、新困难、新风险，同时也意味着我们处于大有可为的新时代。年轻干部要起而行之、勇挑重担，积极投身新时代中国特色社会主义伟大实践，经风雨、见世面，真刀真枪锤炼能力，以过硬本领展现作为、不辱使命。

### 3. 锤炼"七种能力"的路径

学习是实践之基，调研是成功之道，落实是发展之要。自党的十九大以来，广东省不断探索实践，逐步形成了"大学习、深调研、真落实"的工作机制，这也是锤炼干部"七种能力"的重要路径之一。习近平总书记和党中央赋予广东的新使命光荣而艰巨，广大党员干部要坚持不懈用习近平新时代中国特色社会主义思想武装头脑，指导实践，积极掌握并运用"大学习、深调研、真落实"这一重要工作方法，边学习、边调研、边落实，全方位提升干部素质和能力，为维护广大人民群众的切身利益做出应有贡献。

中国共产党是一个重视学习、善于学习并且在学习中不断成长发展的马克思主义政党。越是在历史交汇点的关键时期，越是要通过学习伟大思想来引领伟大事业的顺利开展。党的十九大以来，广东全省上下以高度的政治自觉，强烈的责任担当，"把习近平新时代中国特色社会主义思想作为解决广东一切问题的'金钥匙'"，认真贯彻落实习近平总书记对广东重要讲话和重要指示批示精神，深入开展大学习大培训工作，深化大学习对实际工作的指导作用，推动习近平新时代中国特色社会主义思想在广东大地扎根。

"没有调查，就没有发言权。"在开展大学习的基础上，广东省大兴调查之风。广东省紧密围绕着贯彻落实习近平新时代中国特色社会主义思想、习近平对广东重要讲话和重要指示批示精神、党中央决策部署，聚焦于关乎广东发展的全局性、战略性和前瞻性问题，沉下身子，深入调研，听取实话，勘察实情。基层的情况复杂而具体，问题和诉求细小而真实。广东省干部坚持问题导向，坚持群众路线，在开展"不忘初心、牢记使命"主题教育过程中，结合专项整治工作，从群众反映强烈的问题中，列出最突出的、在主题教育期间能够解决的问题，形成《集中治理清单》，采取专项工作方式集中推进整改解决，通过打硬仗、打攻坚战，锤炼出一支支先锋队、攻坚队、突击队，让干部的整体素质和能力得到有效锤炼。

学思用贯通、知信行统一是"大学习""深调研"的终点。"真落实"是对干部解决实际问题能力的综合考验。2018年，习近平总书记在全国组织工作会议上指出："要强化实践磨炼，把火热的实践作为最好的课堂，让干部经风雨、见世面、壮筋骨、长才干……经受吃劲岗位、重要岗位的磨炼，要有完整周期。"投身实践，是干部提升"七种能力"的关键一招。但是需要尤其注意的是，投身实践并不是只停留在"丰富经历"的表面，而是要真正提升解决实际问题、服务人民群众能力的内里。

要全方位锤炼干部的"七种能力"，不仅需要用好"大学习、深调研、真落实"的工作机制，也需要辅以科学有效的人事考核制度。因为人事考核制度拥有"指挥棒"的意义。而制定出科学有效的人事考核制度也可以借助于"大学习、深调研、真落实"的工作机制。通过建立一套以聚焦中心大局、突出考责考效、鼓励开拓创新、推动工作落实为导向的绩效考核体系，能够有效激发干部担当作为的热情，积极投身到锤炼干部能力的实践当中，让忠诚干净、奋发有为的干部得到褒奖和重用，让阿谀奉承、弄虚作假的干部得到警示和惩戒，以科学有效的人事考核制度净化干部队伍，提升党的执政能力。

## 清远：以高质量绩效考核促进担当作为

清远市通过优化考核思路、强化考核重心、精简考核项目、改进考评方法、细化结果运用，有效提振各级党员干部锐意进取、履职担当、善于作为的精气神。以下是具体做法：

（一）聚焦履责实效优化绩效考核思路。在"为什么考"维度上，明确考核目标在于通过客观评价本年度工作，形成履职尽责、真抓实干的干事创业氛围。在"考什么"维度上，明确只考核本年度重要工作和本年度发生的重要事项，不考核与本年度工作关联性不大的项目。在"怎么考"维度上，明确考核方式为"五个结合"，即常规得分与加减分相结合、自查与审核相结合、采信与抽核相结合、网上报考与实地考察相结合、群众评价与组织评价相结合。

（二）聚焦党建引领强化考核工作重心。着力解决党建与业务工作"两张皮"问题，推动党建与业务工作相融互促。一是突出党建引领地位。专门设置"领导班子和干部队伍建设"以及"制度法规工作"指标，重点考核各地各单位政治生态、领导班子和干部队伍团结协作、担当作为及党内法规制度建设、执行、监督等情况。二是突出党建在绩效中的权重。党建考核指标权重均按照不低于30%设置，同时单独设置10%权重用于党建工作民主评议。三是突出抓党建实效。把抓党建工作成效作为党委（党组）书记评先评优的关键因素。

（三）聚焦减负提质改革考核指标体系。把市级考核全部整合为绩效考核，把所有考核项目整合为共性项目、差异性项目、激励性项目、惩戒性项目。共性项目——所有被考核单位均须抓落实的重要工作项目，如领导班子和干部队伍建设等。差异性项目——围绕各单位不同职能职责设定不同考核项目，如巡视巡察及审计反馈问题整改落实等。激励性项目——主要是超额完成预定工作目标、解决重点难点和历史遗留问题、推动本领域改革及工作方式方法改革创新、获省级以上表彰表扬等可以加分的情况。惩戒性项目——主要是受处分处理和通报批评、弄虚作假、不担当不作为、查实的信访投诉等必须扣分的情况。

（四）聚焦考准考实改进考核评价方法。优化考核评价操作方法，通过考核提升隐性弱项，补齐显性短板。对一个单位工作的总体评价，由分管市领导等最具发言权的人评价。对常规工作的评价，由业务工作主管部门等最精通业务的人评价。对县（市、区）的评价，直接采用党委书记抓基层党建述职评议结果、重大工作项目主管部门等最掌握情况的人评价。

（五）聚焦强化激励细化考核结果运用。突出考核结果分类排名，注重强化结果运用。一是与"票子"挂钩。将考核成绩分类排名作为干部职工年终绩效奖发放的重要依据。二是与"面子"挂钩。对考核排名第一的单位进行经验分享，对考核排名最后的单位取消评为先进的资格。三是与"位子"挂钩。县（市、区）委书记述职评议结果及评价考核意见归入其本人档案；市直单位考核结果及评价意见录入干部管理信息系统，作为考察和任用该单位干部的重要依据。

——摘自《南方》杂志 2021 年 11 月 1 日

## （三）践行"头雁效应"的使命担当

### 1. "关键少数"形成"头雁效应"

群雁高飞头雁领。所谓头雁，是指雁群中领头飞的大雁。头雁是担当的勇气和智慧，能够划破长空，克服一切困难和阻力，飞行在雁群前头，发挥着带头作用。习近平总书记指出，"不忘初心、牢记使命，关键在党的各级领导干部特别是高级干部"。① 党的各级领导干部是"关键少数"，是各级组织、各个单位、各个地方、各个领域的"头雁"，是党和国家事业的中坚力量。

中国特色社会主义进入了新时代，党和国家工作发生了全局性、历史性变化。习近平总书记喊话"关键少数"的节奏明显加快，强调"要把我们党建设好，必须抓住'关键少数'"。② 党的十九大闭幕后第二天，在十九届一中全会上，习近平总书记对中央委员会全体同志提出3个"一定"（一定要忠于党、忠于祖国、忠于人民，一定要心怀忧患、勇于担当、甘于奉献，一定要谦虚谨慎、不骄不躁、艰苦奋斗），从思想上对"关键少数"进行锤炼。党的十九大闭幕后第四天，习近平总书记在十九届中央政治局第一次会议上审议了《中共中央政治局关于加强和维护党中央集中统一领导的若干规定》和《中共中央政治局贯彻落实中央八项规定的实施细则》，从制度上对"关键少数"进行约束。他还就新华社一篇《形式主义、官僚主义新表现值得警惕》的文章作出重要指示："纠正'四风'不能止步，作风建设永远在路上。各级领导干部要带头转变作风，身体力行，以上率下，形成'头雁效应'。"

2018年6月，全省加强基层党组织建设工作会议在广州召开。李希书记在会上强调，要抓住关键重点，努力把各领域基层党组织锻造得更加坚强有力。一要以党支部规范化建设推动基层

---

① 《牢记初心使命，推进自我革命》，《求是》2019年第15期。
② 《推进党的建设新的伟大工程要一以贯之》，《求是》2019年第19期。

党组织达标创优。建立基层党组织评估定级、晋位升级常态化机制，推动基层党组织有效覆盖到社会经济各个领域、各个方面，持续精准整顿软弱涣散基层党组织，不断提升基层党组织建设标准化、规范化水平。二要坚持把基层党组织带头人队伍建设摆在突出位置。大力实施基层党组织"头雁"工程，选优配强基层党组织书记，建设一支坚强有力的带头人队伍，打造基层工作的主心骨。三要充分发挥党员在"四个走在全国前列"新征程中的先锋模范作用。大力实施南粤党员先锋工程，创新党员发挥先锋模范作用的途径，推动共产党员走在前列、发挥好示范带头作用。四要推动人往基层走、钱往基层投、政策向基层倾斜。大力实施基层基础保障工程，让基层有坚强的力量抓党建，有足够的经费保运作，有规范的阵地为群众服务。①

会议决定按照《广东省加强党的基层组织建设三年行动计划（2018—2020 年）》，全面强化基层党组织的政治、组织、队伍、制度、作风和反腐倡廉等各项建设，努力把我省基层党组织建设成为坚强战斗堡垒，为当好"两个重要窗口"、实现"四个走在全国前列"提供坚强的政治保证和组织保证。

广东通过三年的时间深入实施"头雁工程"，取得了明显成效。如今，在广东广大乡村，党组织书记这支"金牌领头雁"队伍，成为脱贫攻坚的主心骨和生力军，为广东确保如期完成脱贫攻坚目标任务打下了坚实的基础，也为推进全面脱贫与乡村振兴战略有效衔接提供了有力保障。

---

① 《李希：推动基层党组织建设全面进步》，《广州日报》2018 年 6 月 16 日。

## 2. "头雁"带领"群雁"行动

"头雁效应"不仅仅只是一只"头雁"发挥作用，而是能够获得群雁的积极响应，引领大家一起参与到为人民服务中。所以，发挥"头雁效应"，既要发挥"关键少数"的带头示范作用，也要使每个成员融入其中。这就要在坚持领导干部带头的同时，一级带着一级干，一级做给一级看，并加强纪律教育，强化纪律执行，让各级党员干部有所敬畏和戒惧，守住底线，坚决防止不良风气散播。

习近平总书记和党中央率先担起"头雁"使命，发挥了巨大的表率作用。总书记反复提及："'善禁者，先禁其身而后人。'各级领导干部要以身作则、率先垂范，说到的就要做到，承诺的就要兑现，中央政治局同志从我本人做起。"[①] 2019年3月22日，习近平同意大利众议长菲科举行会见，菲科问道："您当选中国国家主席的时候，是一种什么样的心情？因为我本人当选众议长已经很激动了，而中国这么大，您作为世界上如此重要国家的一位领袖，您是怎么想的？"总书记沉静而充满力量地说："这么大一个国家，责任非常重、工作非常艰巨。我将无我，不负人民。我愿意做到一个'无我'的状态，为中国的发展奉献自己。"

"无我"的状态是家家户户团圆时依然奔走在心系人民路上的执政为民。总书记春节前夕走基层，关心基层百姓的日常生活，自党的十八大以来，如今已经有十年之久。"冬小麦补种情况如何？""粮食够吃吗？"总书记先后走进一村民家中的储藏室、厨

---

[①]《习近平总书记在十八届中央纪委第二次、三次、五次全会上重要讲话选编》，《中国纪检监察报》2016年1月11日。

房,察看年货,看得很细,问得很细。"无我"的状态是疫情肆虐时逆行奔赴武汉考察的勇毅无畏。总书记在抗击新冠肺炎疫情的关键时刻飞赴武汉,考察医院,走访社区,召开会议,发表讲话,给前方将士、武汉人民乃至全国人民以信心,为打赢抗击疫情战提供方向。"无我"的状态是"得罪千百人,不负十四亿"的责任担当。党的十八大以来至 2021 年 10 月,全国纪检监察机关共立案审查调查 407.8 万件,437.9 万人。总书记在十九届中央纪委六次全会上强调,"坚持严的主基调不动摇,坚持不懈把全面从严治党向纵深推进"。当前,反腐工作仍在继续,从未放松。

"头雁"要带领"群雁"行动,全面从严治党是关键。首先要做的就是抓住拥有权力的"关键少数"。既要解决"关键少数"的自身问题,也要通过解决他们的问题来带动解决下级机关和一般干部的问题。对此,总书记和党中央从多个方面着手。第一,强调各级党委和领导干部要担负起政治责任和领导责任,亲自抓、亲自管,确保贯彻落实中央制定的准则、条例不走偏、不走样;要求领导干部带个好头,在全面从严治党中做出新业绩、树立好形象。第二,强调家风建设,要求领导干部对亲属子女严格教育、严格管理、严格监督,坚决不能搞封建社会的"封妻荫子"和"一人得道、鸡犬升天"的糟粕,特别告诫领导干部"不要护犊子"。第三,抓住主体责任和责任追究的"牛鼻子",将"权力清单"转化为"责任清单",突出强调干部问责问题,指出"有权就有责,权责要对等",体现了全面从严治党的细化落实、层层传导的鲜明态度。第四,出了问题敢于惩治领导干部,坚持党纪国法面前没有例外,绝不允许领导干部搞特权,要向全党全社会表明,全面从严治党绝不是一句空话。

### 3. 广东干部的"头雁"行动

广东领导干部积极采取"头雁"行动,党员领导干部带学促学形成"大学习"的"头雁效应"。习近平总书记每次发表重要讲话、作出重要指示批示后,广东省委都会第一时间召开相应会议传达学习。省委常委同志带头学习、"学深悟透"的精神,为全省党员干部学习贯彻习近平新时代中国特色社会主义思想做好了表率。全省上下呈现出"大学习"的高涨热情和使命担当。

在"大学习"的基础上,广东省注重把习近平新时代中国特色社会主义思想、总书记对广东的重要指示批示精神同省情紧密联系起来,用学习成果指导"深调研"工作,加强对省情的掌握,帮助贯彻以习近平同志为核心的党中央指示批示。省委常委会牵头制定了九大课题,例如全面加强党的建设、推动粤港澳大湾区建设等,率先开展深入调研工作,切实把习近平重要讲话精神贯彻到广东工作的全过程各方面。省委书记李希在省委十二届四次全会上指出,"大学习、深调研、真落实"使大家触及思想深处、探及发展深层、虑及工作全局,深化了对省情的认识,进一步明确了发展的方位和形势,进一步查找了问题和原因,进一步明晰了着力点和突破口,取得了预期的阶段性成果。其中形成的最为重要的调研成果,就是省委作出的"1+1+9"工作部署,第一个"1"是指以推进党的建设新的伟大工程为政治保证,第二个"1"是指以全面深化改革开放为发展主动力,"9"是指加快形成全面开放新格局、加快建设科技创新强省、加快构建推动经济高质量发展的体制机制、加快建设现代化经济体系等 9 个方面重点工作。

党的十九大以后,省委书记李希亲自牵头"全面加强党的建设"调研课题,细分 6 个专题开展调研,活用"大学习、深调研、真落实"工作机制,提出大量符合中央精神、符合地方实际、符合客观规律的工作思路,改革方案和政策建议。基于此,省委制定出台了一系列决策部署,包括《中共广东省委关于深入学习贯彻落实新时代党的建设总要求 努力把各级党组织锻造得更加坚强有力的意见》《关于建立健全坚决落实"两个维护"十项制度机制的意见》《三年行动计划(2018—2020 年)》《三年行动计划(2021—2023 年)》等,实施基层党组织"头雁"工程、南粤党员先锋工程等,以领导干部的"头雁效应"深入而系统地推动"真落实"工作。

在广东省委领导的带动下,"大学习"并不止于"关键少数","大学习"的氛围和行动不断向基层延伸,充分发挥镇街党校、新时代讲习所、党群服务中心、田间课堂作用,开展多形式、分层次、多主题的"大学习"大培训,积极创新学习方法方式,拓展学习渠道、丰富学习载体,组织策划多批次、全方位、广覆盖的宣传宣讲活动,迅速把习近平新时代中国特色社会主义思想、习近平对广东重要讲话和重要指示批示精神全面准确系统地传达到每一个基层党组织、每一名党员干部,确保一个都不落下。2021 年 12 月 31 日,广东省委常委会召开扩大会议,听取地级以上市党委书记和省直机关工委、省委教育工委、省国资委党委、省委"两新"工委书记抓基层党建工作述职并进行评议。李希书记在评议时充分肯定各市、各党(工)委深入学习贯彻习近平总书记对广东重要讲话和重要指示批示精神,采取有力举措抓基层基础工作,推动党的基层组织建设三年行动计划取得显著成效,为广东改革发展稳定大局提供了坚强的基层基础保障。

在评议会上,李希书记继续强调,要推动学习贯彻常态化制度化，全面落实"第一议题"等学习制度，用好"大学习、深调研、真落实"工作方法，引导基层党组织学习好运用好总书记教给我们的世界观方法论，不断提高解决实际问题的能力，加强面向全社会的宣传教育，推动习近平新时代中国特色社会主义思想家喻户晓、深入人心。

要着力提升群众组织力，不断扩大基层党的组织覆盖和工作覆盖；要着力提升队伍战斗力，全面加强基层党员干部队伍建设。以培养基层党组织书记为重点，深入推进"头雁"工程、党员队伍建设和基层基础保障工作，不断提升基层党员干部队伍素质。

### 韶关南雄：实施"我是党员 跟我上"先锋工程

南雄市以"跟我上"党建系列活动为抓手，强化党员干部先锋模范作用，发挥广大党员在落实各级方针政策任务的"毛细血管"作用。以下是具体做法：

（一）构建教育培训体系，着力提高党员综合素质。以镇街党校为抓手，与市委党校互为补充。一是在"学"上下真功夫。加强对习近平新时代中国特色社会主义思想和习近平总书记系列重要讲话精神、业务知识的学习，融会贯通学、联系实际学，不断增强"四个意识"、坚定"四个自信"、做到"两个维护"。二是在"悟"上显真章。传承红色基因，赓续红色精神，坚定理想信念、牢记初心使命，引导党员干部从党的辉煌历史"跟我上"篇章中汲取奋进力量。三是在"做"上勇担当。教育党员积极主动作为，保持斗争精神，敢于直面风险挑战，以坚韧不拔的意志和无私无畏的勇气战胜前进道路上的一切艰难险阻。

（二）建立"党员＋N"模式，在工作中率先垂范。弘扬"跟我上"精神，把"跟我上"精神具体化，结合中心工作，采取"党员+N"模式，带头做好讲政治、冲在前、干在先的模范，带头做好产业发展的模范，带头做好生态宜居美丽乡村建设的模范，带头做好新时代文明实践的模范，带头做好社会治理"我先行"的模范，带头做好疫情常态化防控的模范，带动身边群众积极参与到社会治理各项工作之中，在主动服务中赢得人心，切实解决群众"急难愁盼"问题。

（三）强化党员管理机制，激发党员意识。严把党员出入口，正确处理党员的数量与质量的关系。按照控制总量、优化结构、提高质量、发挥作用的总要求，严格政治审查，强化组织把关，注重吸引和组织优秀人才。扎实开展农村发展党员违规违纪问题排查整顿，严格按照党章的规定，积极稳妥做好处置不合格党员工作。开展"实境课堂"，对新接收的党员在入党宣誓、组织生活等多种场景，进行规范的党员仪式教育，强化党员意识。建立科学完善的考评机制，通过党员评星定级，提升党员的责任感和荣誉感，激励党员创先争优。

——摘自《南方》杂志 2021 年 11 月 3 日

# 结 语

近五年以来，广东全省围绕"大学习、深调研、真落实"，形成了富有特色的优良工作机制，积累了许多宝贵的工作经验，这里再做一下总结。

——立根固本大学习，加强思想引领。广东省委第一时间传达学习，第一时间部署安排，及时跟进学习。每次习近平总书记发表重要讲话、作出重要指示批示，党中央印发重要文件、提出部署要求，省委都在第一时间召开会议进行传达学习，印发通知对全省学习贯彻落实工作作出具体的安排部署，并通过理论学习中心组学习会、专题研讨班等有效举措，推动学习宣传贯彻工作扎实开展、步步深入。同时，坚持把学习习近平新时代中国特色社会主义思想作为各级党委（党组）会议第一议题，第一时间深入领会把握习近平总书记最新指示要求，并迅速贯彻落实到工作中，做到学习跟进、认识跟进、行动跟进。

——党员领导干部带学促学形成"头雁效应"，推动全省扎实深入学。"人不率则不从，身不先则不信。"省委常委同志坚持先学一步、学深一层、学透一些，走在理论学习的前列，通过带头学习、带头宣讲、带头讲党课、带头开展研讨，为全省党员干部学习贯彻当好表率。各级领导干部自觉学原著悟原理，带着感情学、带着使命学、带着责任学，在学习理论上自觉做到标准更高、要求更严,学深学透、思深悟透,带动全体党员干部和广大群众扎实深入学。

——全覆盖开展学习培训,使习近平新时代中国特色社会主义思想在基层家喻户晓、入脑入心。广东省不断推动学习贯彻向基层延伸,充分发挥镇街党校、新时代讲习所、党群服务中心、田间课堂作用,开展多形式、分层次、多主题的"大学习"大培训,组织策划多批次、全方位、广覆盖的宣传宣讲活动,迅速把习近平新时代中国特色社会主义思想、习近平总书记对广东重要讲话和重要指示批示精神全面准确系统地传达到每一个基层党组织、每一名党员干部,确保一个都不落下。全省上下把学习习近平新时代中国特色社会主义思想作为一种精神追求、一种生活方式、一种工作方法,作为生活工作不可或缺的必然要求,在一次又一次的温故知新中学深悟透、融会贯通,做到内化于心、外化于行,做到学用结合、知行合一。

——创新方式方法学,不断拓展渠道、丰富载体,营造浓厚的学习氛围,推动学习常态化。在抓好集中学习培训的同时,各级党组织结合各自实际抓好日常教育,组织基层党员、干部认真学习研讨,开展了形式生动、内容鲜活、各具特色的学习培训,不断深化对习近平新时代中国特色社会主义思想的理解和把握。如在党的十九大胜利闭幕后,广东省依托广东省党员教育网考学平台,推动全省510.9万名党员以实名制形式开展考学活动,答题801.1万人次。又如省委"不忘初心、牢记使命"主题教育领导小组举办主题教育先进事迹报告会,邀请"抗击非典功臣"钟南山、"布衣院士"卢永根、"大国工匠"苏权科等7位不同领域的优秀党员代表,结合自身经历,讲述了自己的初心使命和奋斗故事,生动诠释了共产党人的初心和使命,在广大党员干部中引起强烈共鸣。

——沉下身子深调研，找准改革突破口。"没有调查，就没有发言权。"在开展"大学习"的基础上，广东省各地各部门大兴调查研究之风，紧紧围绕贯彻落实习近平新时代中国特色社会主义思想、习近平总书记重要指示批示精神和党中央决策部署，围绕事关广东发展的全局性、战略性和前瞻性问题，影响改革发展稳定的热点难点问题，扑下身子、沉到一线，听实话、察实情，有针对性地制定贯彻落实的思路举措、行动计划，把发展的路子走对走实走好。

基层的情况复杂而具体，问题与诉求细小而真实。广东省领导干部坚持问题导向，带头开展深入细致的调查研究，扑下身子深入到人民群众中间，哪些方面问题突出就聚焦哪些方面调研，问题出在哪个环节就重点在哪个环节调研，每到一处都与基层群众进行互动交流，问效问计，了解掌握基层一线的真实情况，从基层实践找到解决问题的金钥匙，促进各项工作推陈出新、取得突破。

在开展"不忘初心、牢记使命"主题教育过程中，广东省结合专项整治工作，从群众反映强烈的问题中，列出最突出的、在主题教育期间能够解决的问题，形成《集中治理清单》，采取专项工作方式集中推进整改解决，通过打硬仗、打攻坚战，锤炼出一支支先锋队、攻坚队、突击队，让干部的担当精神不断得到凝练和升华。

——坚持知信行统一，确保任务落下去。在"大学习""深调研"的基础上，广东省把学习成效、调研实践转化为推动党的建设和广东改革发展稳定各项工作的实际行动，真抓实干、担当作为，形成了一批硬招实招，制订出台了一批行动计划和工作方案，推动全省各项事业取得了新进展，经济持续健康发展，发展活力进一步激发，人民生活水平稳步提高，社会大局和谐稳定，生态文明建设迈出新步伐，全面从严治党开创新局面，广东父老乡亲的获得感、幸福感、安全感更加充实、更有保障、更可持续。抓好落实，领导干部是关键。我省各级领导干部带头抓落实，勇于挑最重的担子，敢于啃最硬的骨头，善于接最烫的山芋，形成强大的"头雁效应"，让改革发展稳定各项任务落下去，让惠及百姓的各项工作实起来。党的十九大以后，省委书记李希亲自牵头"全面加强党的建设"调研课题，细分6个专题开展调研，通过系统化推动"深调研""真落实"，提出大量符合中央精神、符合地方实际、符合客观规律的工作思路、改革方案和政策建议。在此基础上，省委制定出台《中共广东省委关于深入学习贯彻落实新时代党的建设总要求 努力把各级党组织锻造得更加坚强有力的意见》《广东省加强党的基层组织建设三年行动计划（2018—2020年）》等决策部署，推动党的全面领导在基层落实、全面从严治党向基层延伸，把全省各级党组织锻造得更加坚强有力，为广东改革发展提供坚强有力的政治保证。

总的来看，广东通过"大学习、深调研、真落实"的工作推动，胜利完成了"十三五"时期广东制定的各项任务，人民生活质量持续改善，习近平新时代中国特色社会主义思想的学习与实践已经深深扎根于南粤大地。

展望"十四五"时期，广东省发展的国内外环境和自身条件都正在发生复杂而深刻的重大变化，广东将进入具有新的历史特点的重要战略机遇期，机遇更具有战略性、可塑性，挑战更具有复杂性、全局性。

在这种背景下，广东省委要继续用好"大学习、深调研、真落实"工作机制,汲取其中的宝贵经验,深入贯彻党的十九大和十九届二中、三中、四中、五中、六中全会精神,坚持以马克思列宁主义、毛泽东思想、邓小平理论、"三个代表"重要思想、科学发展观、习近平新时代中国特色社会主义思想为指导,全面贯彻党的基本理论、基本路线、基本方略,深入贯彻习近平总书记对广东系列重要讲话和重要指示批示精神,贯彻落实"五位一体"总体布局,协调推进"四个全面"战略布局,坚定不移贯彻新发展理念,坚持稳中求进工作总基调,以推动高质量发展为主题,以深化供给侧结构性改革为主线,以改革创新为根本动力,以满足人民日益增长的美好生活需要为根本目的,以在全面建设社会主义现代化国家新征程中走在全国前列、创造新的辉煌为总定位总目标,持之以恒实施"1+1+9"工作部署,加快推动粤港澳大湾区和深圳中国特色社会主义先行示范区建设,加快建设现代化经济体系,打造新发展格局的战略支点,推进治理体系和治理能力现代化,统筹发展和安全,实现经济行稳致远、社会安定和谐,为全面建设社会主义现代化开好局、起好步。

# 主要参考文献

1. 《习近平谈治国理政》第 1 卷，外文出版社 2018 年版。
2. 《习近平谈治国理政》第 2 卷，外文出版社 2017 年版。
3. 《习近平谈治国理政》第 3 卷，外文出版社 2020 年版。
4. 李希同志在省委十二届二次全会上的讲话（2017.11.27）。
5. 李希同志在省委十二届三次全会上的讲话（2018.1.3）。
6. 李希同志在省委十二届四次全会上的讲话（2018.6.8）。
7. 李希同志在省委十二届五次全会上的讲话（2018.10.10）。
8. 李希、马兴瑞同志在省委十二届六次全会上的讲话（2019.1.3）。
9. 李希、马兴瑞同志在省委十二届七次全会上的讲话（2019.7.26）。
10. 李希、马兴瑞同志在省委十二届八次全会上的讲话（2019.11.25）。
11. 李希、马兴瑞同志在省委十二届九次全会上的讲话（2020.1.6）。
12. 李希、马兴瑞同志在省委十二届十次全会上的讲话（2020.8.25）。

13. 李希同志在省委十二届十一次全会上的讲话（2020.11.24）。

14. 李希同志在省委十二届十二次全会上的讲话（2020.12.13）。

15. 中共广东省委办公厅关于印发《省领导同志开展"深调研"工作方案》的通知（粤委办【2017】77号）。

16. 中共广东省委印发《关于建立健全坚决落实"两个维护"十项制度机制的意见》的通知（2020.6.8）。

# 后 记

2022年以来,以广东省委书记李希为代表的省委领导,持续深化"大学习、深调研、真落实"工作机制,到广东省各地市单位密集调研,要求各地各部门为全省打造新发展格局战略支点作出贡献。从1月5日至3月17日,省委书记李希、省长王伟中的系列调研已经遍布潮州、佛山、东莞、江门、横琴粤澳深度合作区、广州、汕尾、揭阳、茂名、阳江等10多个地市,每到一地都结合本地实际和广东大局明确其未来发展方向。

"大学习、深调研、真落实"的提出和实践,自2017年至今已近5年。5年来,广东省委省政府全面领会习近平总书记和党中央战略意图,探索"大学习、深调研、真落实"工作推动机制、制定调研课题,形成"1+1+9"工作部署,举全省之力推进"双区"建设和两个合作区建设,牵引推动形成全面深化改革开放新格局,结合建设科技创新强省、打造新发展格局战略支点、构建"一核一带一区"区域发展格局,打通改革、创新、产业、市场联动传导链条,推动改革衔接、开放协同、发展联动,助推广东全省在更高起点上实现改革开放。5年来,广东人民获得感、幸福感、安全感不断提升,实现了社会经济稳定和新冠肺炎疫情有效防控的统筹发展。

编写《大学习 深调研 真落实》一书,就是要科学总结过去5年来广东省委在全面落实党的十九大和十九届历次全会精神、梳理呈现广东省委和广东人民一张蓝图干到底，将习近平总书记对广东工作的殷殷嘱托在南粤大地落地生根、结出硕果的实践回顾。

本书的编写是中共广东省委党校哲学教研部诸位老师集体攻关团结协作的成果，由周峰教授担任全书主编、策划提纲并负责撰写序言、第一章、结语；陈琼珍博士编撰第二章；吕艳红教授编撰第三章；曾东辰博士编撰第四章；钮则圳博士编撰第五章；胡志刚副教授编撰第六章；谢东杰博士编撰第七章；最后由周峰教授统校全稿。

本书在编撰过程中查阅了相关省委文件材料，借鉴了《人民日报》、《南方》杂志、《南方日报》、南方网等新闻报道，并都尽可能做出了说明；相关专家和学校领导、教务处等部门也都给予了热情指导和建议，在此一并表示感谢。

由于编撰时间紧迫，全面总结难以做到，个别之处也难免错漏，敬请读者批评指正。

编者

2022 年 3 月 20 日